甲子
三日　天晴、正四位下[illegible]

[illegible]

乙丑
天晴、[illegible]

[redacted]

丙寅
五日　天晴、微[illegible]雨[illegible]

監修者――五味文彦／佐藤信／高埜利彦／宮地正人／吉田伸之

［カバー表写真］
『後土御門天皇消息』

［カバー裏写真］
禁裏・闘鶏
（『洛中洛外図屛風』東博模本復原模写）

［扉写真］
『天聴集（後奈良天皇宸記）』
（天文４〈1535〉年３月３日〜５日条）

日本史リブレット 82

戦国時代の天皇

Suegara Yutaka
末柄 豊

目次

天皇の戦国時代

戦国時代▲をいつからいつまでと考えるべきなのかについては、さまざまな説が存在する。しかしながら、戦国時代の天皇とは誰だれなのかという問いを立てたならば、後土御門《ごつちみかど》・後柏原《ごかしわばら》・後奈良《ごなら》・正親町《おおぎまち》という四代の天皇をあげることに、ほとんど異論は出ないだろう。後土御門天皇が践祚《せんそ》したのは、応仁《おうにん》・文明《ぶんめい》の乱（一四六七〜七七）が勃発する三年前の一四六四（寛正《かんしょう》五）年のことである。一方、正親町天皇が孫の後陽成《ごようぜい》天皇（和仁《かずひと》親王）に譲位《じょうい》したのは、羽柴秀吉《はしばひでよし》（豊臣《とよとみ》秀吉）が関白《かんぱく》に就任した翌年の一五八六（天正《てんしょう》十四）年で、秀吉が小田原北《おだわらほう》条《じょう》氏を滅ぼして天下一統《てんかいっとう》が成ったのは、それからわずか四年後であった。後土御門天皇は戦国時代への入口を入った天皇で、正親町天皇はその出口から出

▼**戦国時代**　応仁・文明の乱の勃発（一四六七〈応仁元〉年）から豊臣秀吉による天下統一（一五九〇〈天正十八〉年）までをさすのが一般的だが、始期を明応《めいおう》の政変（一四九三〈明応二〉年）に求めることもある。長くとらえると、関東が内乱状況になる一四五〇年代から大坂夏の陣（一六一五〈元和《げんな》元〉年）までとみることもできる。

た天皇だということになる。

戦国時代の天皇を最もよく特徴づけるのは、終生にわたる在位である。正親町天皇は、子の誠仁《さねひと》親王▲(陽光院《ようこういん》)に先立たれながら、七〇歳の時、ようやく孫への譲位を果たした。けれども、後土御門・後柏原・後奈良の三代はともに譲位をせず、天皇の位についたままで死を迎えている(享年は、それぞれ五九・六三・六二)。これは、終身の在位を制度化した明治以降の天皇のありように照らせば必ずしも不思議ではないのだが、天皇の歴史のなかできわめて特異な事態であった。

天皇が三代続けて在位中に没した直前の事例は、なんと、七世紀の斉明《さいめい》・天《てん》智《じ》・天武《てんむ》の三代▲にまでさかのぼる。逆に、つぎに同じ事態があらわれるのは、仁孝《にんこう》・孝明《こうめい》・明治の三代にまで下らなければならない。律令《りつりょう》制の成立から明治維新《いしん》までのおよそ一二〇〇年のあいだ、いいかえれば太上《だいじょう》天皇(上皇《じょうこう》)の制度が存在した期間において、三代続けて在位したままで死を迎えた天皇は、後土御門・後柏原・後奈良の三人のほかには存在していない。

戦国時代の天皇の終生にわたる在位は、本人が望んだわけではなく、もっぱ

▼誠仁親王　一五五二〜八六。正親町天皇の第一皇子。父からの譲位を間近にひかえ、三五歳で突如病死した。四カ月後に遺児和仁親王が践祚すると、二年以内には太上天皇号を追贈され、陽光院と呼ばれた。

▼斉明・天智・天武の三代　『皇統譜』では天智と天武とのあいだに弘文を置くが、大友皇子《おおとものみこ》は一八七〇(明治三)年に明治天皇が追諡《ついし》するまで天皇とはみなされなかった。

ら経済的な理由によるものであった。譲位を遂げて上皇があらわれると、天皇の御所《ごしょ》である禁裏《きんり》のほかに、上皇の御所である仙洞《せんとう》が必要になるなど、大幅な経費の増加を招くが、その負担が叶わなかったのである。

この時期の天皇の経済的な困苦については、日常生活においてすら窮乏をきわめていたという言説がある。それは江戸時代初期にあらわれ、戦前には皇室式微《しきび》論▲として喧伝された。たとえば、織田信長《おだのぶなが》が入京する以前の禁裏は、田舎の民家と大差ないもので、築地塀《ついじべい》もなく竹の垣根に茨《いばら》をからめてあり、町の子どもが自由に出入りするありさまだったというたぐいである（『老人雑話』）。これが多分に「伝説」と呼ぶべきものであることは、戦時中に大著『皇室御経済史の研究』▲としてまとめられた奥野高広《おくのたかひろ》▲の実証的な研究によって明らかにされている。奥野は、史料の博捜を遂げ、「皇室領」からの貢納が継続的に存在し、天皇の日常生活は一定度の水準が維持されていたことを明確に論証した。

ただし、日常生活に大きな支障がなかったにせよ、朝廷の儀式（朝儀《ちょうぎ》）がはなはだしく衰えたこともまた明白な事実である。天皇の身位の再生産にかかわる儀式に限っても、大嘗会《だいじょうえ》は一四六六（文正《ぶんしょう》元）年の後土御門天皇のそれを最後

▼**皇室式微論**　式微とは、はなはだしく衰えること。朝廷・天皇の経済的な窮乏のいちじるしさを強調する議論。

▼**『皇室御経済史の研究』**　正続二冊。正は一九四二（昭和十七）年、続は一九四四（同十九）年の刊行。一九四五（同二十）年に帝国学士院恩賜賞を受賞。経済史に御字を冠する書名や、背表紙の「奥野高広謹著」という表記に時代性を感じるが、すこぶる堅実な実証研究である。

▼**奥野高広**　一九〇四〜二〇〇〇。天皇・朝廷の研究以外にも、織田信長に関する研究の基本史料集『織田信長文書の研究』全三冊を編纂するなど、戦国時代研究の基盤を築いた研究者である。

●──戦国時代の天皇

	諱	母	生没	在位
後土御門	成仁(ふさひと)	大炊御門信子(嘉楽門院)	1442～1500	1464～1500
後柏原	勝仁(かつひと)	庭田朝子	1464～1526	1500～1526
後奈良	知仁(ともひと)	勧修寺藤子(豊楽門院)	1496～1557	1526～1557
正親町	方仁(みちひと)	万里小路栄子(吉徳門院)	1517～1593	1557～1586

に、一六八七(貞享《じょうきょう》四)年まで二〇〇年以上の中絶を余儀なくされた。即位礼《そくいのれい》も践祚後すぐに執り行うことができず、後柏原天皇の場合、践祚から二一年後、後奈良天皇の場合も一〇年後にようやく挙行されている。奥野は、このような状況に陥ったのは、儀式の費用を負担するはずの室町幕府《むろまちばくふ》の無力に理由があり、これをもって「皇室御窮乏の一証」とみることを否定した。

幕府の弱体が朝儀の衰微を結果したのなら、逆に、幕府の強盛は朝儀の順調な遂行を保証したはずである。はたして、南北朝《なんぼくちょう》の内乱で衰退した朝廷を後援し、儀式の再興を支えたのは、室町幕府であった。応仁・文明の乱以前、朝儀の費用は幕府に大きく依存していた。奥野は、この関係を正しく理解しながら、幕府の衰退が朝儀を停滞させ、天皇の苦悩を招いたのだから、幕府は「皇運《こううん》を阻害し奉《たてまつ》」る存在だと結論づけた。幕府に対する奥野の評価には「ねじれ」がみてとれる。この不整合は、結局のところ、「逆賊《ぎゃくぞく》」足利《あしかが》氏▲のつくった室町幕府は天皇に敵対的な存在だ、という名分論《めいぶんろん》と無関係ではあるまい。

戦後、「逆賊」足利氏という名分論的な断罪は歴史研究の場から姿を消したが、朝廷と室町幕府とを過度に対立的にとらえる思考は、容易に払拭されなかった。

朝廷を支援する存在としての室町幕府という見方が有力になってきたのは、ようやく一九九〇年代後半のことである。

応仁・文明の乱は、朝廷の所在地京都において一〇年以上にわたって軍事的な対峙《たいじ》が継続するという未曽有の事態であった。乱が始まって間もなく、後土御門天皇は禁裏を離れ、足利義政《よしまさ》の住む室町第《むろまちてい》▲に身を寄せる。禁裏は、乱が終わるまで西軍に占拠され、天皇は居所においても幕府に依存していた。幕府の庇護なくして朝廷の存立はありえなかった。それだけに、乱の結果、幕府が衰退のあゆみを大きく進めたことは、朝廷にも重大な危機をもたらした。

天皇にとっての戦国時代とは、朝廷を支えてきた室町幕府を全面的に頼ることが困難になり、朝廷の活動の大幅な縮小を甘受するとともに、最低限の活動を維持するために奮闘し、みずからのありようを見つめ直した時期であったといえる。とすれば、戦国時代の天皇を知ることには、前近代の天皇の役割がどのようなものであったのか、さらには、なぜ天皇という存在が長く続いたのか、という問題を考えるために少なからぬ意味を認めることができそうである。

▼「逆賊」足利氏　一九一一（明治四十四）年に政治問題化した南北朝正閏問題は、歴史教育の問題だが、以後の歴史研究に多大な影響をおよぼした。

▼室町第　義政は、一四五九（長禄《ちょうろく》三）年に幼時から居住した高《たか》倉第《くらてい》（烏丸資任《からすまろすけとう》邸）を出て、祖父義満《よしみつ》・父義教《よしのり》の御所であった室町第（花の御所）に移住する。一四七一（文明三）年以降は小河第《おがわてい》も併用したが、一七六（同八）年に火災で焼失するまで室町第が幕府の所在地になった。

●—天皇家系図（鎌倉時代中期〜江戸時代前期）　代数は、『本《ほん》朝《ちょう》皇《こう》胤《いん》紹《じょう》運《うん》録《ろく》』による。丸数字は、南朝の天皇の代数。▲は直下の代数の天皇の皇太子（弟）になったが践祚におよばなかったことを示す。

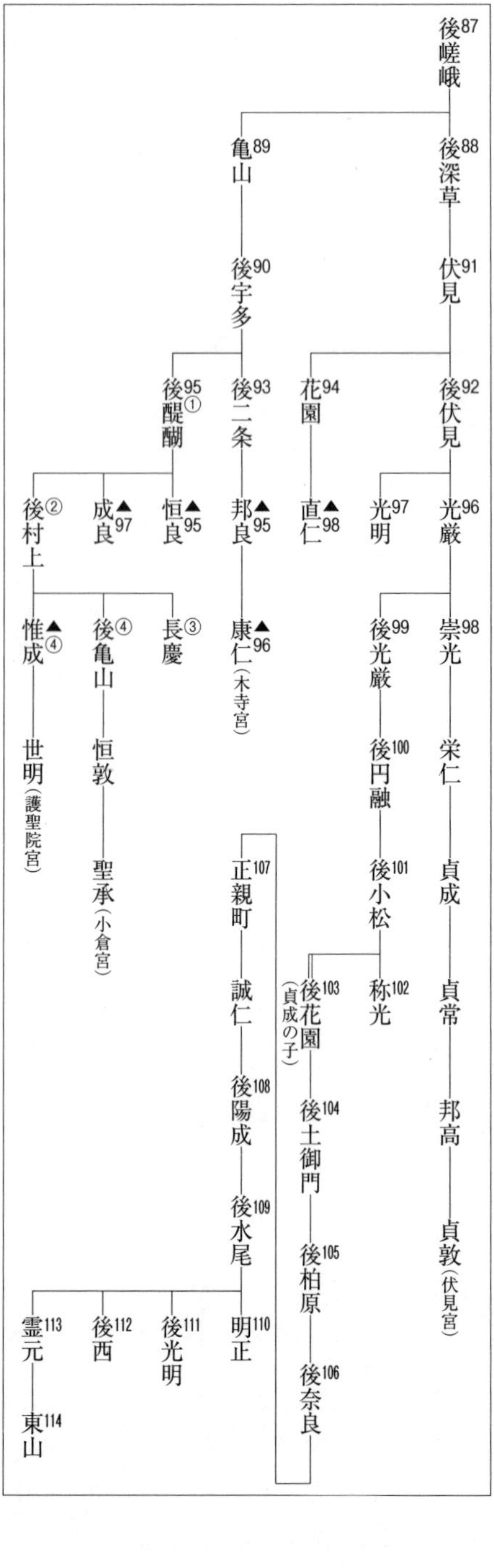

①天皇になること

応仁・文明の乱と朝廷の夕暮れ

天皇の身位を再生産する儀式は、平安時代以降、践祚《せんそ》・即位礼《そくいのれい》・大嘗会《だいじょうえ》という三つに定式化されていた。践祚と即位とは、本来同じ意味の言葉であったが、皇位のしるしである剣璽《けんじ》▲を新天皇のもとに移動させることが践祚とされ、内裏《だいり》の紫宸殿《ししんでん》(本来は大内裏の大極殿《だいごくでん》)に置かれた高御座《たかみくら》に着し、皇位の継承を天下に告知することが即位礼になった。そして、毎年恒例の収穫祭である新嘗《にいなめ》祭《さい》▲について、即位後最初のそれを大幅に拡充して行い、祖神に皇位の継承を報告する機会とした。これが大嘗会と呼ばれる。

大嘗会は、祭場である大嘗宮《だいじょうきゅう》をわざわざ臨時に造営するなど、三つの儀式のなかで最も大がかりで経費もかさむ。後柏原《ごかしわばら》天皇以降、即位礼の挙行ですら困難を来したのだから、大嘗会の挙行は絶望的で、結局、九代にわたって中絶する。もちろん、当事者たちは行うべきものだと認識し、それを欠くことを痛恨事とした。たとえば、後奈良《ごなら》天皇は即位礼から九年後の一五四五(天文《てんぶん》十

▼**剣璽**　三種の神器のうち宝剣《ほうけん》(天叢雲剣《あまのむらくものつるぎ》)と神璽《しんじ》(八尺瓊勾玉《やさかにのまがたま》)。

▼**新嘗祭**　「しんじょうさい」とも。十一月下の卯《う》の日(または中の卯の日)、天皇が神に新米を供えるとともに、天皇自身もこれを食する儀式。

四)年、いまだ大嘗会を果たしていないことを伊勢《いせ》神宮に弁明し、あわせて加護を祈っている(『東山御文庫所蔵史料』勅封二九函二―二〇、後奈良天皇自筆宣命案《せんみょうあん》。上図参照)。

後奈良は、なにも自分が怠《おこた》っているわけではなく、「国の力の衰微を思うがゆえ」だと述べる。「下克上《げこくじょう》の心」が満ちて「暴悪《ぼうあく》の凶族《きょうぞく》」が幅をきかせ、地方からの貢納がないうえ、近年まで残っていた数少ない所領でさえ「其国《そのくに》の守護《しゅご》の武士」が勝手に押領《おうりょう》してしまったからだという。守護を通じた幕府《ばくふ》の地方支配のしくみの衰えたことが「国の力の衰微」をもたらしたと認識していたのである。その時、天皇が頼りとしたのは「神明《しんめい》の加護」であった。

幕府の衰退と朝儀《ちょうぎ》の衰微とが連動していたことは、中世最後の大嘗会になった後土御門《ごつちみかど》天皇のそれが、まさしく応仁《おうにん》・文明《ぶんめい》の乱の直前に行われたという事実によって象徴される。大嘗会が挙行された一四六六(文正《ぶんしょう》元)年十二月十八日から七日ののち、畠山義就《はたけやまよしひろ》▲が上洛《じょうらく》を遂げている。義就は、将軍足利義政《あしかがよしまさ》の意に背いて六年前に京都を退去し、ついで河内国《かわちのくに》(大阪府)の根拠地を攻め落とされ、大和国《やまと》吉野郡《よしの》(奈良県南部)の山中に逼塞《ひっそく》していたが、山名持豊《やまなもちとよ》(宗全《そうぜん》)の

●――後奈良天皇自筆宣命案

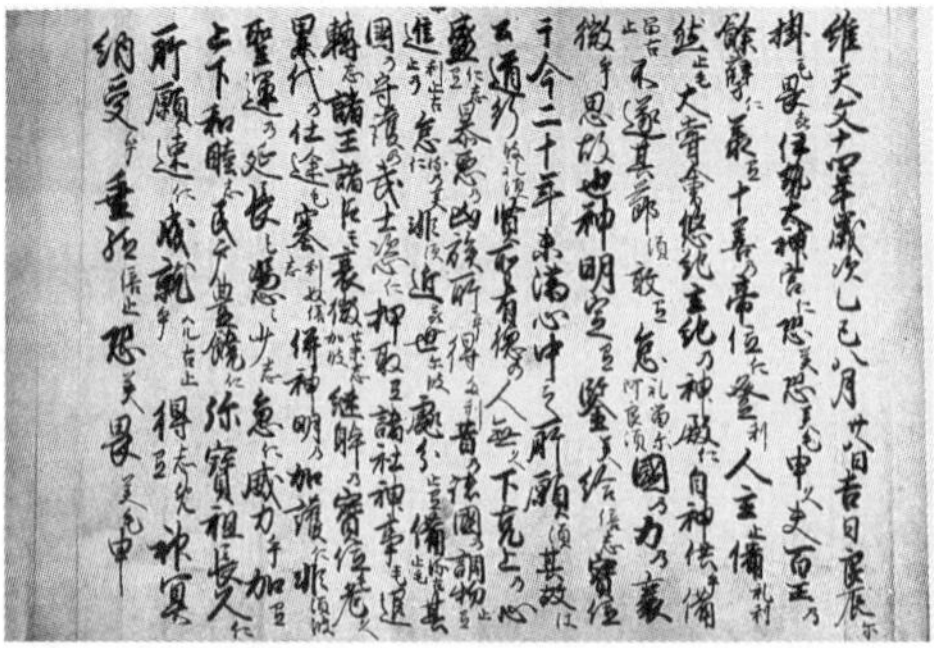

▼**畠山義就**　一四三七～九〇。持国の子。母の出自が微賤で、僧になる予定であったが、家督に立てられた。反発する家臣が細川勝元の後援を得て従兄弟弥三郎を擁立し、同氏の分裂が始まる。軍事に秀で、長く独力で幕府に抗した。

支援によって義政から赦免《しゃめん》を得たのである。この上洛および赦免が、翌年正月、細川勝元《ほそかわかつもと》の後援する管領《かんれい》畠山政長《まさなが》▲の失脚を招き、持豊と勝元との対立を抜き差しならないものにし、五月の大乱の勃発につながった。

後土御門の大嘗会は、かろうじて応仁・文明の乱から逃げ切ることができたが、巻き込まれて息の根を止められてしまったのが勅撰《ちょくせん》和歌集である。九〇五(延喜《えんぎ》五)年に編まれた『古今《こきん》和歌集』以来、天皇または上皇《じょうこう》の命令によって選ばれた和歌集を勅撰和歌集といい、一四三九(永享《えいきょう》十一)年にできあがった『新続《しんしょく》古今和歌集』▲にいたるまで、あわせて二一の和歌集(二十一代集)がつくられた。

一四六五(寛正《かんしょう》六)年二月、後花園《ごはなぞの》上皇は、足利義政の提案▲にもとづいて勅撰和歌集をつくることを決定し、和歌および蹴鞠《けまり》を家業とする飛鳥井雅親《あすかいまさちか》を編集の責任者である撰者《せんじゃ》に任じた。雅親を頭首として、編集を担当する和歌所《わかどころ》が設置され、後花園・後土御門・義政をはじめ、公武の有力者から材料として一〇〇首ずつの詠歌《えいか》を提出させるなど、作業は着々と進められた。一四六七(応仁元)年四月十七日には、義政が弟の義視《よしみ》をともなって和歌所を見学しており、作業は佳境を迎えていた。

▼畠山政長　一四四二〜九三。持富の子。義就に対抗する兄弥三郎が急逝し、代わりに擁立される。細川勝元の後援をうけて家督になり、一四六四(寛正五)年に管領。明応の政変に際して自害。

●畠山氏略系図

満家─持国─義就─義豊
満家─持富─弥三郎
持富─政長─尚慶

▼『新続古今和歌集』　一四三三(永享五)年、将軍足利義教の提案により、後花園天皇が飛鳥井雅世《まさよ》を撰者に任じて編纂させた。武家《ぶけ》歌人の詠歌が多い。

▼足利義政の提案　鎌倉時代には、原則として天皇または上皇の代ごとに一度編纂されたが、室町幕府成立後は、将軍の代ごとに一度編纂されるようになった。

ところが、五月中旬、播磨《はりま》国▲(兵庫県)など各地で戦いの火ぶたが切られ、同月二十六日には京都でも東西両軍の争いが始まる。京都における戦闘は市街戦の様相を呈し、多くの寺社や貴族の邸宅が放火や掠奪の惨禍に遭った。六月十二日、西軍の一色義遠《いっしきよしとお》が自邸に火をかけた際、和歌所が置かれた飛鳥井雅親の邸宅も類焼してしまう。集められた和歌はもちろん、参考のために後花園の許《もと》から借り出されてあった系図集▲なども焼失した(『親長卿記《ちかながきょうき》』文明三〈一四七一〉年二月二十五日条)。ただし、後年、地下官人《じげのかんにん》の壬生晴富《みぶはれとみ》▲は、この時に失われたはずの後花園がみずからの詠歌一〇〇首を書いた一巻を市中で購入して勝仁《かつひと》親王(のち後柏原天皇)に献上している(『晴富宿禰記《すくねき》』文明十〈一四七八〉年十二月一日条)。まさしく火事場泥棒が暗躍したようだ。

撰者の雅親は自家の所領がある近江国《おうみ》柏木郷《かしわぎごう》(滋賀県甲賀《こうか》市)への避難を余儀なくされ、事業は立ち消えになる。大嘗会は、一六八七(貞享《じょうきょう》四)年、東山《ひがしやま》天皇の即位に際して再興され、明治以降に大きな変容を遂げながら現代におよんでいるのに対し、勅撰和歌集は二度と編まれることがなかった。

雅親は、結果として最後の勅撰和歌集になった『新続古今和歌集』が編まれた

●—飛鳥井邸(『洛中洛外図《らくちゅうらくがいず》屏風《びょうぶ》』歴博甲本、左隻第四扇) 庭で蹴鞠が行われている。

▼播磨国　嘉吉《かきつ》の変(一四四一〈嘉吉元〉年)まで守護であった赤松《あかまつ》氏が細川勝元と結び、山名氏から守護職を奪還するため攻勢をしかけた。抗争は応仁・文明の乱後も続き、一四八八(長享《ちょうきょう》二)年に赤松氏の勝利で決着する。

▼系図集　七巻に及ぶ大部のものといい、『尊卑分脈《そんぴぶんみゃく》』のことだとみられる。

際、二十代前半で五首の入集《にっしゅう》を果たしていた。同集に入集した者のなかで最も遅くまで生きたのは雅親であったから、雅親は最後の「勅撰歌人」(勅撰和歌集に詠歌が収められた歌人)だといえる。そして、雅親が没した一四九〇(延徳《えんとく》二)年は、足利義政が没した年でもあった(享年は義政五六、▲雅親七四)。両人の没年が一緒なのは、もとより偶然に過ぎないが、勅撰和歌集の終焉は室町《むろまち》幕府の衰退と軌を一にしていたのである。

王朝《おうちょう》文化の精華というべき位置付けにあった勅撰和歌集の歴史が絶たれたことは、朝廷の落日を印象づける。応仁・文明の乱によって、朝廷そして天皇は、厳しい状況に投げ込まれたのであり、その奮闘が始まる。

異例ずくめの践祚

後土御門天皇は、五九歳になる一五〇〇(明応《めいおう》九)年の正月ごろから病気で臥せることが多くなった。症状として腹痛や浮腫が記録され、内臓疾患だったようだ。同年秋には病状が目に見えて悪化し、九月二十六日に危篤状態に陥り、その二日後に没した。訃報に接した前関白近衛政家《さきのかんぱくこのえまさいえ》▲は、日記のなかで「今回譲

▼**壬生晴富**　一四二二〜九七。晨照《あさてる》の子。一四六八〜七二(応仁二〜文明四)年のあいだ官務(左大史《さだいし》の上首《じょうしゅ》)。日記『晴富宿禰記』を残す。

▼**足利義政の享年**　義政は一四三六(永享八)年正月二日の誕生で、計算すると五五歳のはずだが、史料には五六歳と見える。これは、当時は立春を年齢の基準とし、永享八年正月十一日の立春以前は永享七年として数えられたからである。

▼**近衛政家**　一四四四〜一五〇五。房嗣《ふさつぐ》の子。関白。日記『後法興院関白記』を残す。

位を遂げずに崩御《ほうぎょ》したのは、先例のないようなことで、とんでもないことだ」と述べて、在位中の天皇の死去という事態の異常さを特筆している。

天皇が在位中に没した直近の事例は、七二年前の一四二八(正長《しょうちょう》元)年に、称光《しょうこう》天皇▲が二八歳で病死したことである。ただし、この時は称光の父後小松《ごこまつ》上皇が院政《いんせい》を布《し》いていた。それに対し今回は、上皇は存在せず、朝廷《ちょうてい》の主宰者として政務を執《と》る天皇が譲位を果たさないまま没したのである。同じく在位中の天皇の死といいながら、事情が大きく異なった。

白河《しらかわ》上皇による院政の開始から四一〇年あまり、院政のもとにない天皇が在位したまま死を迎えたのは、一二四二(仁治《にんじ》三)年、一二歳で急死した四条《しじょう》天皇▲の一例しかなかった(南朝《なんちょう》の事例は除く)。また、四〇歳を超える天皇が在位中に没した事例は、後冷泉《ごれいぜい》天皇▲(一〇二五〜六八)にまで、五〇歳を超えるとなると、光孝《こうこう》天皇▲(八三〇〜八八七)にまでさかのぼる。確かに特筆に値する。

政家は、この異常さの波及するところを予見し、前天皇の葬礼と新天皇の践祚という大きな儀式が立て続くため、費用の面から困難を来すに違いないと記した。この危惧は他の廷臣《ていしん》も共有しており、朝廷と幕府とをつなぐ伝奏《てんそう》▲という

▼**称光天皇**　一四〇一〜二八。在位一四一二〜二八。病弱で、女子二人を残して早世。

▼**四条天皇**　一二三一〜四二。在位一二三二〜四二。後堀河《ごほりかわ》天皇の子。床をすべらせて近習《きんじゅう》・女《にょう》房《ぼう》を転ばせる悪戯をしかけ、自身が転倒して落命(『五代帝王物語』)。鎌倉幕府による後継の決定まで一二日間空位となり、遺体が内裏から搬出されるまで一七日を数えた。

▼**後冷泉天皇**　在位一〇四五〜六八。後朱雀《ごすざく》天皇の子。母は藤原《ふじわら》道長《みちなが》の娘嬉子《きし》。死後、皇太弟尊仁《たかひと》親王(後三条《ごさんじょう》天皇)が践祚した。

▼**光孝天皇**　在位八八四〜八八七。仁明《にんみょう》天皇の子。素行の悪い陽成《ようぜい》天皇を廃した藤原基経《もとつね》によって擁立され、五五歳で践祚した。

▼**伝奏**　元来は院政を行う上皇に近侍して奏聞・伝宣にあたる役職。天皇親政時にも置かれた。公武の連絡は、鎌倉時代から関東《かんとう》

役職にあった勧修寺政顕《かんしゅうじまさあき》は、いち早く幕府に対処を求めている。天皇の代替わりの儀礼が順調に進むか否かは、幕府の経費負担にかかっていた。

また、後土御門の後嗣である勝仁《かつひと》親王(後柏原天皇)は、独立した御所《ごしょ》を持つことが叶わず、禁裏《きんり》の一画に部屋住みをしていた。後土御門の死が近づくにつれ、居所の移動が話題にのぼり、伏見宮邦高《ふしみのみやくにたか》親王(後花園の実弟貞常《さだつね》親王の子)の邸宅が候補にあがった。しかし、いったん禁裏の外に出てしまうと、践祚のために戻る際に親王としての正式な移動の作法にのっとる必要があり、経費負担が重くのしかかるおそれがあるため、見送らざるを得なかった。結局、後土御門の死の直前に紫宸殿《ししんでん》▲の東北にある小御所《こごしょ》▲にこっそりと移動した。

践祚は小御所で行うが、同じ禁裏のうち、さほど遠くない黒戸《くろど》御所▲には後土御門の遺体が安置されたままである。ある廷臣《ていしん》は日記のなかで、「まったく普通でなく前例のないことばかりだ」と評した(『和長卿記《かずながきょうき》』)。天皇の死▲は、あくまでも前天皇が死を迎えたという建前をとり、新天皇が践祚したのちに葬礼を行うことになっていた。践祚に先んじて禁裏から遺体を運び出すわけにはいかない。勝仁やそれを補佐する関白一条冬良《いちじょうふゆよし》▲は、負担可能な費用を勘案し、実

申次《もうしつぎ》(南北朝期には武家執奏《しっそう》と称される)があたり、義満の時から伝奏が担当。のち武家伝奏と称される。

▼紫宸殿　「ししいでん」とも。禁裏の正殿で、朝廷の主要な儀式の場となる。

▼小御所　床に畳が敷きつめられ、襖《ふすま》障子や明《あかり》障子で仕切られ、会所《かいしょ》として用いられる。奥向きの行事の場となった。

▼黒戸御所　禁裏の持仏堂。

▼天皇の死　十一世紀以降、天皇が在位中に没しても、皇位継承が済んだあとに太上《だいじょう》天皇の死として扱うようになり、殯《もがり》など天皇独自の葬送儀礼が消滅した。

▼一条冬良　一四六四〜一五一四。俗称「ふゆら」。父兼良《かねよし》六三歳の子。兄教房《のりふさ》の子として家督を継承。二度関白をつとめる。

現可能な方策をとることを重視したが、それでも天皇の身位をめぐるさまざまな制約との折り合いをつけるのは容易ではなかった。

やっとのことで、践祚は十月十九日、葬礼はその翌日に行うと決められたが、さらに遅延し、践祚は同月二十五日、葬礼は十一月十一日に実施されることになった。践祚が延期された直後、勝仁は凶事《きょうじ》伝奏▲（葬礼の実施責任者）の甘露寺《かんろじ》元長《もとなが》▲に対し、仏事の費用を幕府に催促するように指示し、あわせて、践祚を延期せざるを得なくなったのは、「下行《げぎょう》」つまり経費の支払いができなかったからだと説明している（『勧修寺家文書』明応九年十月二十日勝仁親王女房奉書）。幕府による経費支出の滞《とどこお》りが、そのまま践祚および葬礼の遅延をもたらしたことが、まさに天皇にならんとしていた勝仁本人の言葉によって確認される。

践祚の儀式は、剣璽渡御《とぎょ》の儀とも称され、皇位のしるしである宝剣および神璽を新天皇のもとに移すことを内容とした。剣璽は清涼殿《せいりょうでん》▲のなかの夜御殿《よんのおとど》▲に置かれており、これを勝仁のいる小御所まで移動させる。禁裏内での移送に過ぎないので簡単なように思われるが、会場の設営や出席する官人の手当には少なからぬ費用を要した。

▼**凶事伝奏**　葬礼・即位など大きな行事については、それぞれ臨時に担当の伝奏が置かれた。

▼**甘露寺元長**　一四五六〜一五二七。親長《ちかなが》の子。同家は勧修寺流の名家。日記『元長卿記』は、連年数カ月で記述が終わっている。

▼**清涼殿**　天皇が日常生活を送る建物。内部に居所である常御所《つねの》が設けられた（江戸《えど》時代には独立して常御殿になる）。

▼**夜御殿**　清涼殿内の一室。本来は天皇の寝室に用いられた。

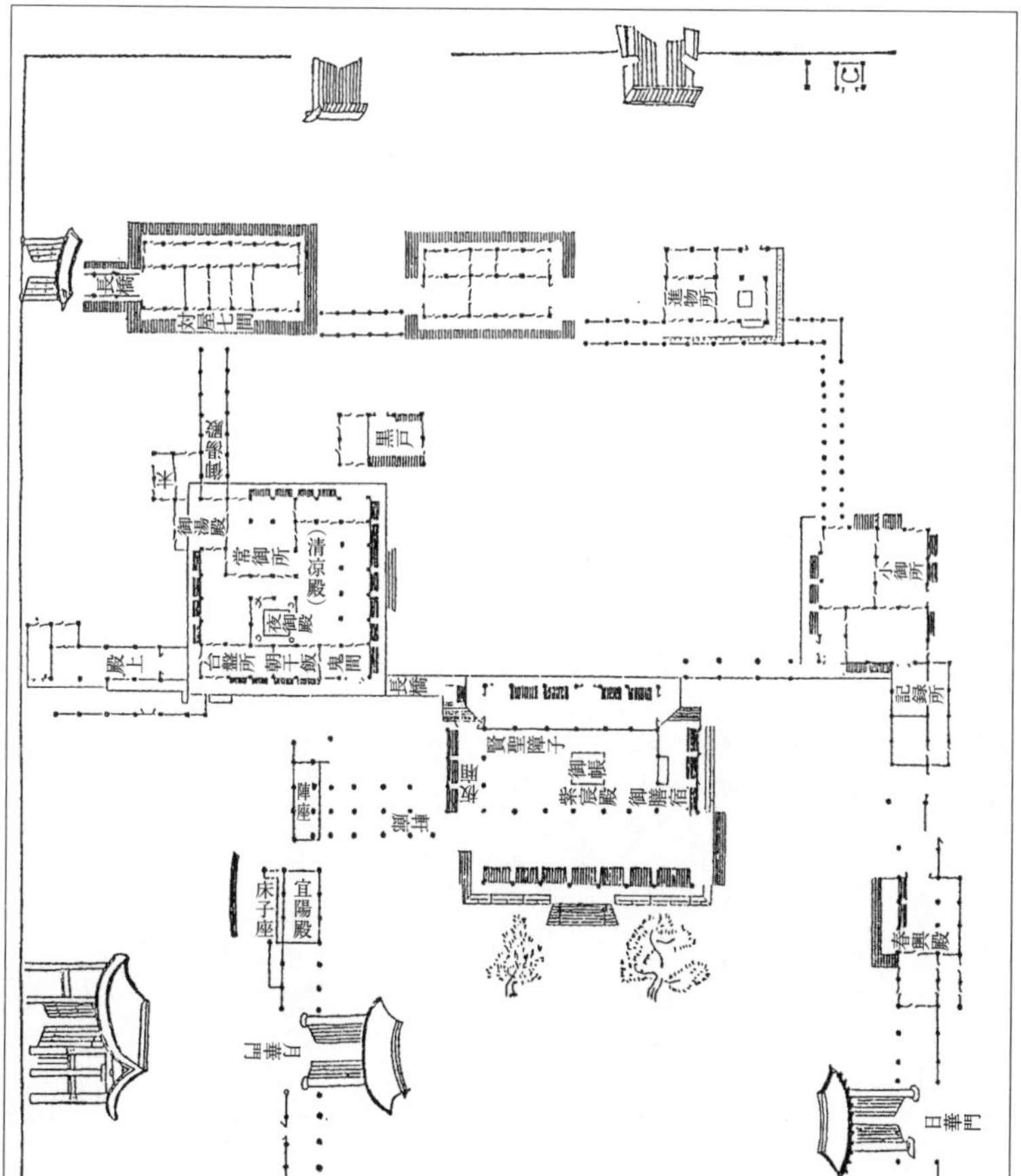

●──**応永内裏指図《さしず》**(『福照院《ふくしょういん》関白記』所収。藤岡通夫『京都御所〔新訂〕』より部分引載。文字注記を一部省略するとともに,「(清涼殿)」の注記を加えた)　戦国時代の禁裏は，この応永度内裏の焼失後に建てられた康正《こうしょう》度《ど》内裏であるが，おおむねこの通りであったとみられる。

この践祚において、幕府が負担した費用は銭三万疋《ひき》（三〇〇貫文《かんもん》。米価で換算し、現代のおよそ三〇〇〇万円に相当）におよんだ。また、朝廷の儀式は、全盛期に確立された装備や式次第が先例として規範性を有しており、出仕する廷臣たちはそれぞれ礼装や従者などの容儀をととのえるために多大な自己負担をせまられた。最も負担の重い関白一条冬良は、幕府から五〇〇〇疋の援助をうけた。それでも礼装を完備できず、一部の衣裳は後土御門が生前に使用していたものを借り受けた。朝廷の主要な構成員である廷臣たちは、みずからの所領からの収益によって出仕の費用をまかなうことが原則であったから、各家の所領が武士の押領によって実を失っていったことも朝儀の困難さを増したのである。

践祚の当日には、将軍足利義澄《よしずみ》▲や、義澄を擁立した細川政元《まさもと》▲が儀式を見物するために禁裏を訪れており、この儀式に対する幕府首脳の関心は決して低くはなかった。にもかかわらず、遅延した一番の理由は、幕府の財政的な衰えが必要な経費を即座に準備することを許さなかったからである。ただし同時に、何が何でも皇位の継承を急がなければならないという危機意識が希薄だったことも考慮すべきだろう。

▼**足利義澄**　一四八〇〜一五一一。第十一代将軍、在職一四九四〜一五〇八。堀越公方《ほりごえくぼう》政知《まさとも》の子。はじめ嵯峨《さが》香厳院《きょうげんいん》の喝食《かっしき》。将軍義稙を廃した細川政元に擁立され、将軍になる。一五〇八（永正五）年近江に逃れ、のち同地で病死。

▼**細川政元**　一四六六〜一五〇七。勝元の子。将軍義稙を廃し、義澄を擁立、畿内《きない》支配を固めた。義澄の従兄弟澄之を養子に迎えたが、庶流阿波《あわ》守護家の協力を得るため同家から澄元を家督に迎える。家督の改替に不満を抱く澄之を擁した家臣に殺害された。

▼**小川宮**　一四〇四〜二五。後小松天皇の子。称光天皇の同母弟。仙洞御所で妹に暴行をはたらき、称光の飼養する羊をもらいうけながら即時に撲殺するなど、素行に問題が多かった。二二歳で急死。

一四二八年に称光天皇が死亡した際、称光に男子はなく、弟小川宮《おがわのみや》▲もすでに没していた。そのため、死の直前まで皇位継承者は明確には定められていなかった。ところが、後花園天皇(後小松上皇の又従兄弟である貞成《さだふさ》親王の子)の践祚は八日後に果たされ、称光の葬礼もその翌日になされた。称光の死の前後、皇位の回復をねらう旧南朝の勢力が不穏な動きを見せ、一カ月後には伊勢国司《こくし》北《きた》畠《ばたけ》満雅《みつまさ》▲が小倉宮《おぐらのみや》(後亀山法皇《ごかめやまほうおう》▲の孫、のち出家して聖承《せいしょう》)を奉じて兵を挙げている。践祚を急いで皇統の正統性を確立することは、幕府においても緊要の課題であった。ところが、応仁・文明の乱のなかで旧南朝の活動▲は完全に跡を絶ち、皇統に関する異議申し立ての可能性が消滅した。後土御門の死後、天皇不在の状況が二五日間続いても何ら政治的な不安を生じなかった。皇統の安定が、かえって皇位継承を速やかに行う必要性を減じていたのである。

勝仁は践祚が延期になった際、「こんなに長く遺体を置いておくのは、内侍《ないし》所《どころ》▲に対してもおそれ多いことである。また仏事を始められないのも哀しいことだ」と述べ、遺体のある黒戸御所と神鏡《しんきょう》を安置する内侍所との距離が近いことや、亡父の追善仏事を行えないことを嘆いたが、ひたすら幕府が経費を支出

▼**北畠満雅**　?〜一四二八。顕《あき》泰《やす》の子。称光・後花園両天皇の践祚の際、幕府に二度反旗を翻す。幕府軍の攻撃により敗死した。

▼**後亀山法皇**　?〜一四二四。南朝最後の天皇、在位一三八三〜九二。後村上天皇の子。南北朝合一後は上洛し、嵯峨で隠棲。一三九四(応永元)年太上天皇とされたが、あくまでも「登極せざる帝」の扱いであった。一三九七(応永四)年出家。

▼**旧南朝の活動**　一四七一(文明三)年に西軍が京都に迎えた小倉宮の子孫は、乱後に落魄して越《えち》後《ご》から京都近郊まで上ったことが知られるが、以後の動静は不明。

▼**内侍所**　神器《じんぎ》のうち神鏡(八《や》咫鏡《たのかがみ》)を安置する場所。春興殿《しゅんこうでん》。さらには神鏡そのものをさす。

するのを待つよりほかなかった。結局、後土御門の遺体が禁裏から葬礼の会場である泉涌寺《せんにゅうじ》▲へ運び出されるまで、死亡から四三日を数えた。践祚・葬礼の両方をあわせると費用は七万疋にのぼり、中陰仏事《ちゅういんぶつじ》(四十九日にいたる七日ごとの仏事)にも三万疋を要した。葬礼にあたって泉涌寺に支払われたのが一万疋で、これは称光の葬礼の際の半分だったという。遅延のうえ減額したものの、幕府は全額を負担し、幕府が朝廷を支援するという構図▲に変化はなかった。したがって、幕府の衰退が朝儀の衰微を招くのは明白であり、以後も容易ならざる事態が続いていく。

このののち、一五二六(大永《だいえい》六)年に後柏原天皇が死亡した際は、後奈良天皇が践祚するまでに二二日、葬礼までは二五日を数え、一五五七(弘治《こうじ》三)年に後奈良が死亡した際は、正親町天皇が践祚するまでに五三日、葬礼までは七七日というさらに長い日時を要した。戦国時代の皇位継承にあたっては、天皇が在位したまま没し、新天皇の践祚および前天皇の葬礼まで少なからぬ日数を経ることが常態になっていく。そのなかでも、後土御門から後柏原への交替は、いまだ応仁・文明の乱以前の記憶を明瞭に残していた人びとが少なくなかっただけ

▼**泉涌寺**　同寺における天皇の葬儀は、四条天皇(一二四二〈仁治三〉年没)が最初だが、そのままは継続されず、つぎは後光厳《ごこうごん》天皇(一三七四〈応安七〉年没)の葬儀であった。以後は、孝明《こうめい》天皇に至るほとんどの天皇の葬儀が同寺で行われた。

▼**幕府が朝廷を支援する構図**　後奈良・正親町両天皇の即位礼の経費は、廷臣の働きかけに応じた戦国大名《だいみょう》の献金によるところが大きいが、それでも幕府が負担するのが本来という意識は強かった。

に、朝廷の衰えが強く意識されたに違いない。そして、これはつぎなる苦悩の始まりでもあった。

遅れに遅れる即位礼

践祚ですら遅延を余儀なくされた後柏原天皇が、より大規模な即位礼を行うのには、さらなる困難が待ちうけていた。一年間は父後土御門天皇の喪に服するので、即位礼はどんなに早くても諒闇《りょうあん》（服喪期間）のあける一五〇一（文亀《ぶんき》元）年九月以降になる。もっとも、前天皇が上皇として生きている場合でも、践祚と即位礼とのあいだに一年程度の時間をおくのは珍しいことではなく、後土御門の即位礼も践祚から一年五カ月後であった。

後柏原は、一五〇一年三月の末、信頼する四人の廷臣を招集し、即位礼の実施に関する基本方針を検討させた。早急に準備すべき事項を洗い出し、まずは幕府に対して費用の拠出を依頼するように決定する。この依頼は、その日のうちに伝奏勧修寺政顕を通じて幕府に伝えられた。以後、朝廷では即位伝奏（即位礼の実施責任者）の町広光《まちひろみつ》▲を中心に準備が進められ、八月ごろ、関白九条尚《くじょうひさ》

▼**町広光**　一四四四～一五〇四。資広《すけひろ》の子。同家は日野《ひの》流の名家。有職《ゆうそく》に長け、朝儀に熟達した。子の守光は広橋家を継ぐ。

経《つね》▲(六月に一条冬良から交替)が和泉《いずみ》国日根荘《ひねのしょう》(大阪府泉佐野《いずみさの》市)に滞在していた父の政基《まさもと》▲に最新の京都情勢を伝えた手紙には、即位礼の実施は十月でほぼ決まりだと見えている(『後慈眼院殿雑筆《のちのじげんいんどのざっぴつ》』二)。関白が内定したと述べているのだから、天皇の意思が示されたと考えてよい。後柏原は、諒闇があけてすぐに即位礼を行うつもりであった。ただし尚経は、ほぼ決まりだと記しながら、まだ費用の目処が立っていないのでどうなるかわからない。行われるとなると、その前に自身が関白になった拝賀《はいが》▲を遂げなければならず、これは自己負担が原則なので困ってしまう、とも書いている。

その後、会場の設営や儀式の次第など、具体的な検討が積み重ねられた。しかし、肝心の費用の方は、幕府が各国の守護に対し、国内に段銭《たんせん》▲を賦課して納入するように命じたものの、応じたのは一部の守護だけであった。なにより、将軍足利義澄を擁立した主体で、山城《やましろ》に隣接する摂津《せっつ》・丹波《たんば》両国の守護であった細川政元が納入しないのだから、費用がととのうはずがない。

そもそも細川政元は、即位礼など行う必要はない、という考えを持っていた。たとえ即位礼を行っても、内実をともなわなければ「王」だとは思われない。行

▼**九条尚経**　一四六九〜一五三〇。政基の子。関白。室は三条西実隆の娘保子《やすこ》。

▼**九条政基**　一四四五〜一五一六。満家《みついえ》の子。関白。家礼《かれい》の唐橋《からはし》在数《ありかず》を殺害し、勅勘を蒙る。一五〇一(文亀元)年から約四年間、家領日根荘に下り、日記『政基公旅引付《まさもとこうたびひきつけ》』を残した。

●——拝賀(『二水記』大永七〈一五二七〉年記)　『二水記』の記主鷲尾《わしのお》隆康《たかやす》が描いた拝賀の様子。

わなくとも、自分は後柏原を「国王」だと認識している。「末代」に無理をして大げさな儀式を行うのは無意味だ、と述べて段銭の賦課に応じなかった。また、義澄が参議になって拝賀を遂げようとした際も、参議といった官職を帯びるまでもなく、自分は義澄を将軍だと認識している。このような官職は無意味である。どんな官位に昇進しても、人びとが命令に応じなければ役に立たないのだから、今のままでよいのではないか、と述べたとも伝えられる(『大乗院寺社雑事記《だいじょういんじしゃぞうじき》』文亀二〈一五〇二〉年六月十六日条)。

状況の打開をもくろんだ町広光は、細川政元を説得するため、その寵を得ていた椿阿弥《ちんあみ》という同朋《どうぼう》▲を懐柔する策に出た。すると、日蓮宗《にちれんしゅう》の信者であった椿阿弥は、本国寺《ほんこくじ》の日了《にちりょう》という僧を僧正《そうじょう》に任ずることを求めてきた。日蓮宗の僧を僧正に任ずること▲については、後土御門の時代に今後は許可しないという方針が決められていたにもかかわらず、後柏原はこの任官を許している(『後法興院関白記《のちのほうこういんかんぱくき》』文亀三〈一五〇三〉年三月十九日条、『実隆公記』同月五日条)。しかしながら、結局事態は好転しなかった。

ある夜、後柏原は近臣《きんしん》の三条西実隆《さんじょうにしさねたか》▲を呼びとめ、即位礼が遅れて一向に挙

▼拝賀　廷臣は官位昇進や昇殿などを許されると、天皇・上皇や室町殿に謝礼におもむき、舞踏を行った。任官しても、拝賀を経なければ朝儀に参加できなかった。

▼段銭　反銭とも。田地の面積を基準に銭を徴収する臨時課税。

▼同朋　同朋衆、遁世者《とんせいしゃ》とも。将軍や大名に仕え、芸道や雑務にあたる僧体の者。阿弥号《あみごう》を名乗るが、必ずしも時衆《じしゅう》ではない。

▼日蓮宗の僧侶を僧正に任ずる　一四七七(文明九)年に権《ごん》僧正に任ぜられた妙蓮寺日応《みょうれんじにちおう》は、庭田重有《にわたしげあり》の子で、後花園の生母幸子《こうし》の甥、後柏原の生母朝子《ちょうし》の叔父にあたり、外戚《がいせき》の縁によるものであった。

▼三条西実隆　一四五五〜一五三七。公保《きんやす》の子。同家は閑院《かんいん》流の大臣家。内大臣。古典研究や和歌をよくした。日記『実隆公記』・日次詠草《ひなみえいそう》『再昌草《さいしょうそう》』などを残す。

行の目処がたたないが、自分は三七歳という年齢でようやく践祚した「御晩達《ごばんたつ》」▲なので、いろいろと心配だ、と愚痴をこぼした。実隆はただ慰めるよりほかなかった（『実隆公記』文亀三年十月六日条）。後柏原が最も心配したのは、自分が即位礼を遂げないままに死を迎えることであったろう。かつて承久《じょうきゅう》の乱（一二二一〈承久三〉年）に際会し、践祚からわずか二カ月後に鎌倉《かまくら》幕府によって廃位された天皇（懐成王《かねなりおう》）は、まだ即位礼を遂げていなかった。そのため、明治天皇が仲《ちゅう》恭《きょう》天皇という諡号《しごう》を贈るまで、九条廃帝《くじょうはいてい》▲と呼ばれ、歴代の天皇のうちには数えられなかった。即位礼を遂げたか否かが本当に天皇になったか否かの分かれ目になる。即位礼は何が何でも行わなければならない。

ところが、幕府と細川氏をめぐる混乱は、さらなる遅延を後柏原に強いた。一五〇七（永正《えいしょう》四）年、細川政元が家臣《かしん》によって殺害され、同氏に内部分裂が生じたのを機に、さきに政元に将軍位を追われ、大内義興《おおうちよしおき》▲を頼って周防《すおう》国（山口県）に落ち延びていた足利義稙《よしたね》▲（初名義材《よしき》。当時は義尹《よしただ》）が、ふたたび将軍になるために動き出す。翌年、義稙が義興をともなって上洛の途につくと、細川氏の家臣のうち義稙を迎え入れようとする者たちが、政元死後の混乱を収束させ

▼**「御晩達」**　ここでは践祚が遅いことをいう。院政の開始以降、後土御門までの三三人の天皇が践祚した年齢の平均は一一・七歳。三〇歳を超えるのは後醍醐《ごだいご》の三一歳のみ。院政以前では、後三条の三五歳、三条の三六歳がほぼ同等で、三七歳を超えるのは、五五歳の光孝にまでさかのぼる。

▼**九条廃帝**　一二一八〜三四。在位一二二一。順徳《じゅんとく》天皇の子。

▼**大内義興**　一四七七〜一五二八。政弘《まさひろ》の子。義稙を奉じて上洛し、一〇年間幕府を支える。一五一八（永正十五）年周防に戻った。

▼**足利義稙**　一四六六〜一五二三。第十代将軍。在職一四九〇〜九三、一五〇八〜二一。義視の子。義尚《よしひさ》の死後迎えられ、将軍になるが、細川政元に廃された。大内義《よし》興《おき》に奉ぜられて再度将軍になるが、一五二一（大永元）年細川高国と対立して出奔。阿波で没した。

た細川澄元《すみもと》▲を追い落とし、細川高国《たかくに》▲を家督《かとく》に擁立した。義稙の軍勢に対抗できないとみた義澄は近江国に落ち延び、かわって入京した義稙が将軍に復帰する。以後、義澄と細川澄元とが手を組んで京都の回復をめざし、大内義興・細川高国の両人が支えた義稙と対峙する状況が続く。義稙の幕府は、当初から軍事的に大きな課題を抱えていたのである。

一五一〇（永正七）年、義稙が即位礼の費用を拠出する旨を申し入れると、後柏原はこの間に死亡した町広光にかえて広橋守光《ひろはしもりみつ》▲（広光の実子）を即位伝奏に指名したのを手始めに、準備を本格化させた。しかし、幕府の納入命令に応じる守護は少なく、その後も幾度となく延期を重ねる。さらに、納入された費用も禁裏の修理や伊勢神宮の仮殿《かりどの》の造営に流用を余儀なくされた。一五一一（永正八）年、京都に攻め入った澄元を撃破し、幕府は軍事的な安定を得たが、費用拠出の困難は解消できなかった。一五一八（永正十五）年、後柏原は伊勢神宮に奉幣使《ほうべいし》▲を派遣し、皇位を継いで一九年におよびながら即位礼を行えない状況を報告した。すでに五〇代の半ばにあった後柏原の焦りの色は濃かった。

一五一九（永正十六）年七月に幕府が二万疋を納入したことをうけ、即位礼の

▼**細川澄元**　一四八九～一五二〇。阿波守護細川義春《よしはる》の子。一五〇六（永正三）年政元の養子となる。翌年政元が家臣香西元長《こうざいもとなが》に殺害されると、元長の擁する澄之を討って家督を継承。一五〇八（永正五）年阿波に逃れ、以後二度京都に攻め込むも敗れ、阿波で病死。

▼**細川高国**　一四八四～一五三一。政春の子。一四九〇（延徳二）年政元は隠居を表明、七歳の高国を養子に迎えて家督に据えようとしたが、実行されなかった。一五〇八（永正五）年家督を継承。澄元、ついでその子晴元を擁した三好元《みよしもと》長《なが》等と戦う。一五三一（享禄《きょうろく》四）年摂津天王寺《てんのうじ》で敗北して自害。

▼**広橋守光**　一四七一～一五二六。一四七九（文明十一）年、急死した兼顕《かねあき》の養子として広橋家を継承。広橋家は日野流の名家。

▼**奉幣使**　天皇の命で神社や山陵に幣帛《へいはく》（供物）をささげる使者。

実施予定を伊勢神宮に報告する由奉幣《よしのほうべい》が九月に、即位の日時を決定する儀式(即位日時定《にちじさだめ》)が十月十日に行われた。即位礼は十月二十一日に決まり、二〇年来の宿願が果たされるかに思われた。ところが、即位日時定の直後、残りの費用の納入の目処がたたないうえ、軍事的な問題が生じたとして、義稙が延期を申し入れてきた。後柏原は強く挙行を主張したが、結局は義稙に押し切られてしまう。目前にあった即位礼は、またも遠ざかった。

一五二〇(永正十七)年六月、幕府が一万疋を納入し、即位礼の挙行は八月二十四日に決まった。しかし、残りの費用の都合がつかず、細川高国が軍勢を播磨国(兵庫県)に進めるため警備の人員が不足するなどの理由により、またも延期になる。ある廷臣は、「たびたびの延期は本当にとんでもないことだ。ただし将軍がおろそかにしているということはまったくない」と述べている(『二水記《にすいき》』永正十七年八月四日条)。将軍の厳命にもかかわらず各国の守護が費用を納入せず、幕府をめぐる軍事情勢も挙行を許さないという認識であろう。幕府は十月に再度一万疋を納入したけれども、今年は挙行できない旨を重ねて申し入れている。

　そして、一五二一(永正十八)年二月、幕府が一万疋を納めてきたことで、即位礼は三月二十一日に挙行と決まった。ところが、三月八日、細川高国と対立していた義稙が京都から出奔《しゅっぽん》し、和泉国堺《さかい》(大阪府堺市)を経て淡路島《あわじしま》におもむいてしまった。将軍の出奔という不慮の事態に直面し、廷臣たちはまたも即位礼の延期を予感したが、後柏原は「延期してもきりがない」と述べて強行することにした。ただし、二十一日は雨のため一日のばされ、二十二日の挙行になる。禁裏は「老若男女雲霞《ろうにゃくなんにょうんか》の如し」と評される見物人▲であふれ、高国の被官人《ひかんにん》たちが警備にあたった。践祚から二〇年半の歳月が流れていた。後柏原の安堵《あんど》は深かったに違いあるまい。

▼**見物人**　禁裏には一般民衆の立入りが許され、正月の大三毬《おおさぎ》打《ちょう》などの行事には見物人が群集した。さらに戦乱時には、禁裏の敷地内に小屋を設けて財産の保全をはかる者も少なくなかった。

②―天皇の仕事

幕府との関係のありようについて決断する

およそ朝廷という組織が何かを決定する際、その決定権は、究極的には天皇に帰属した。天皇の仕事とは、なべて最終的な判断を下すことであった。最終的な判断を下すことは、無論、自由意思にもとづく判断を行うのと同じではない。ただし、理屈のうえでは、天皇が周囲の思惑をひっくり返す決断をすることも可能であった。そのことは、転変を繰り返した室町幕府《むろまちばくふ》のありようについてもあてはまる。

一四九三(明応《めいおう》二)年四月二十二日、戦国時代の室町幕府のありようを規定したといってよい事件がおこる。「明応の政変」と呼ばれる事件である。

応仁《おうにん》・文明《ぶんめい》の乱が始まるまで、九州・東国を除く「室町殿御分国《むろまちどのごぶんこく》▲」の守護《しゅご》をつとめる大名《たいめい》▲は、在京、すなわち京都に居住することを原則としていた。どの大名がどこの国の守護職を確保するのか、ときには、誰が大名家の家督に就くのかまで、京都で展開される幕府政治によって左右されたからである。ところが、

▼**室町殿御分国**　鎌倉公方《くぼう》管轄下の東国一〇カ国と陸奥《むつ》・出羽《でわ》、九州探題《たんだい》管下の一一カ国を除く国々。

▼**大名**　訓《よ》みは後土御門天皇女房奉書案(『言国《ときくに》卿記』文明八〈一四七六〉年六月四日条)の表記によった。

応仁・文明の乱によって大名家の家督や守護職の帰趨は各自の実力に依拠する傾向が強まり、乱が終わると、ほとんどの大名はそれぞれの分国に下ったままになった。おおむね在京し続けたのは、山城《やましろ》国に隣接する摂津《せっつ》・丹波《たんば》の両国を最も重要な支配地域としていた細川政元《ほそかわまさもと》だけである。

一方、守護を通じた全国支配が機能しなくなっていったことで、将軍は、徐々に京都とその周辺に対する支配をみずからの基盤として重視するようになり、支配地域を重複させる細川政元とのあいだに対立をはらんでゆく。なかでも、一四九〇(延徳《えんとく》二)年足利義政《あしかがよしまさ》の死後に将軍になった義稙《よしたね》は、応仁・文明の乱の際に西軍にあって将軍に擁せられた義視《よしみ》▲の子であり、将軍に就任する以前から政元とのあいだに不穏な空気が流れていた。

義稙は、かつて政元の父勝元《かつもと》の与党であった畠山政長《はたけやままさなが》を後援し、政元を牽制する存在に仕立てあげようと考えた。政長の宿敵であった畠山義就《よしひろ》の跡を継いだ義豊《よしとよ》▲(初名基家《もといえ》)を討伐するため、一四九三年二月、諸大名を動員して河内国《かわちのくに》正覚寺《しょうがくじ》(大阪市平野《ひらの》区)に軍勢を進めた。すると、四月二十二日、京都にあった政元は、亡き義政の室日野富子《ひのとみこ》▲や幕府政所《まんどころ》をおさえる伊勢貞宗《いせさだむね》▲と手を結んで、

▼**足利義視**　一四三九〜九一。西軍方の将軍、在職一四六九〜七七。乱後は美濃《みの》に下る。兄義政の死後に義稙を後見して執政するが、ほどなく病没。

▼**畠山義豊**　一四六九〜九九。義就の子。明応の政変に際して細川政元と結び、河内一国を確保したが、紀伊《きい》に逃れた畠山尚慶《ひさよし》(政長の子、初名尚順《ひさのぶ》)の反攻をうけて敗死。

▼**日野富子**　一四四〇〜九六。わが子義尚の死後、亡き妹の産んだ義稙を後継者に推すが、義政死後、義視と対立し、清晃を後援するに至った。

▼**伊勢貞宗**　一四四四〜一五〇九。貞親《さだちか》の子。一四九〇(延徳二)年幕府政所執事の職を子貞陸《さだみち》に譲るが、後見して実権を握った。

嵯峨《さが》の香厳院《きょうげんいん》にあった喝食《かっしき》▲の清晃《せいこう》（義政の異母兄である堀越公方政知《ほりごえくぼうまさとも》の子）を将軍候補に擁立し、義稙から将軍位を奪うクーデタを実行するにいたった。これを年号にちなんで「明応の政変」と呼んでいる。

還俗《げんぞく》を果たした清晃は、義遐《よしとお》を名乗り、間もなく義高《よしたか》（のち義澄《よしずみ》）と改名し、髪のはえそろった翌年に将軍位に就く。一方の義稙は、クーデタから約一カ月後の閏四月二十五日に政元の部将上原元秀《うえはらもとひで》▲に降伏し、京都で幽閉の身になった。しかし、数カ月後に脱出して越中国《えっちゅう》（富山県）に逃れると、すぐに将軍位を奪回するための活動を始める。これ以降、義澄および義稙の両人につながるふたつの系統が将軍位を争う構図は戦国時代を通じて継続し、織田信長《おだのぶなが》に奉ぜられた足利義昭《よしあき》が入京したことで将軍位を追われた足利義栄《よしひで》▲が病死する一五六八（永禄《えいろく》十一）年まで七五年にもおよんだ。

話を明応の政変の直後に戻そう。臣下による将軍の廃立という事態に衝撃をうけた後土御門《ごつちみかど》天皇は、政変の翌日、甘露寺親長《かんろじちかなが》▲・勧修寺教秀《かんしゅうじのりひで》▲・三条西実隆《さんじょうにしさねたか》という三人の廷臣《ていしん》を禁裏《きんり》に招集した。実隆は遅参したが、後土御門の側近である神祇伯忠富王《じんぎはくただとみおう》▲は、親長・教秀のふたりに天皇の言葉を伝えた。昨日のことは

▼喝食　「かつじき」とも。禅宗寺院で食事に際して種別・進行を唱えて知らせる役目。前髪を垂らした少年があたることから稚児《ちご》の異称となる。

▼上原元秀　?～一四九三。丹波守護代。明応の政変を主導し、細川家中での地位を高めるも、他の家臣と対立。長塩弥六《ながしおやろく》と争い、重傷を負って死亡した。

▼足利義栄　一五三八または四〇～六八。第十四代将軍。在職一五六八。義維《よしつな》の子。一五六五（永禄八）年将軍義輝《よしてる》を殺害した三好《みよし》三人衆に擁立されるも入京できず、六八（同十一）年摂津富田《とんだ》で将軍に任官。三人衆が織田信長に敗れて間もなく病死した。

▼甘露寺親長　一四二四～一五〇〇。房長《ふさなが》の子。後花園《ごはなぞの》・後土御門両天皇の近臣として活躍。三条西実隆は姉の子、中御門宣胤は女婿。日記『親長卿記』を残す。

思いもかけないことで驚いた。この件について武家(幕府)からいろいろな申し入れがあるだろう。その際、「自分の在位も数十年におよび、去年から退位を考えているが実現できず、在位したままで今年を迎えてしまった。勝仁《かつひと》親王(のち後《ご》柏原《かしわばら》天皇)も成人したので、譲位《じょうい》について取り計らってほしい」と答えようと思うがどうだろうか、と。親長も教秀も困惑して黙るよりほかなかった。すると忠富王は、将軍の代替《だいが》わりに際してこのような対応をするのは「武命《ぶめい》」(幕府の考え)に背くのでよくないと申し上げたのだが、と語った。

ここにおよんで親長が意を決した。事の善悪や理の是非はおくとして、すでに起こってしまったことだ。武家が取り合わない退位について言い出すのは非常によくない。結局、武家の申し入れは、けしからぬところがあっても申請どおりにするというのが古来のやり方だ。譲位については後日別に伝えるべきだろう、と述べた。教秀と遅れてきた実隆も同意したので、忠富王がその旨を言上すると、後土御門は、申し入れがあった時に判断しよう、とだけ答えた。

同日、政元から伝奏《てんそう》の教秀に対し、清晃の擁立について天皇に申し入れるように求めてきたが、教秀は、今日・明日は日が悪いと称して先延ばしにした。

▼**勧修寺教秀**　一四二六〜九六。経成《つねなり》の子。同家は勧修寺流の名家。一四七一(文明三)年から伝奏。娘が後土御門・後柏原両天皇の後《こう》宮《きゅう》に入る。三条西実隆は女婿。屋号の訓みは仮名文書の表記によった。

▼**忠富王**　一四二八〜一五一〇。雅兼《まさかね》王の子。神祇伯任官以前は白《しら》川《かわ》忠富。一四九〇(延徳二)年甥の資氏《すけうじ》王に狂乱の気がありとして、かわって神祇伯になる。吉田兼倶と親しく、その策謀を援けた。

三日後に親長が忠富王から聞いたところ、後土御門は、政元からの申し入れに対してわかったとだけ答えたという(『親長卿記』)。

後土御門は、主君を恣《ほしいまま》に交替させた政元の行為を悪逆非道ととらえ、将軍の交替に諒解を与えないままで退位しようとしたのである。この態度をつらぬくと、幕府内部の混乱に対して天皇自身の価値判断を明示することになり、天皇の地位を幕府内部の動向と無関係ではないものとして位置づけ、幕府の分裂対立の構造を朝廷に波及させる危険をはらんでしまう。親長は、武家の申請には没価値的に対応することが従前の例に適うことを説き、後土御門に冷静な対応を求めたわけである。

応仁・文明の乱のさなか、後土御門は東軍の陣中にあった室町第《むろまちてい》に難を避けており、これまでの朝廷は、幕府内部の混乱に関して局外にあったわけではない。だとすれば、これ以降にみられる京都を制圧した武家の権力を無条件に容認するという戦国時代の朝廷の方針は、この時に確立されたということも可能である。苦悩した後土御門は、親長の助言によりつつ、理非善悪を不問に付し、主体的な判断を下さないという決断を行ったのである。天皇に求められていたのは、現実を直視し、大義名分には目をつむってでも、朝廷という組織の安定的な存続という困難な課題に資する判断を下すことだったのである。

官位の任叙について判断する

幕府には独自の職制があり、家格や栄典のしくみも備えていた。けれども、武家に限らず、貴族社会や寺院社会の構成員をも含めた社会一般にわたる身分標識の体系としては、朝廷の任叙にかかる官位が唯一のもので、大名以下の武士たちにとっても官位は重要な意味を持っていた。官位とひとしなみに述べてしまったが、ほとんどの武士にとって、位階はさほど大きな意味を持たず、名乗りのなかで用いられる官職の方が重視された。

鎌倉《かまくら》幕府の草創以来、幕府の配下にある武士の任官叙位については、幕府から朝廷に推薦する方式が正規のルートとして整備され、官位も実質的に幕府の首長から付与されるものとして機能した。室町時代において、そのことを視覚的にも明瞭に示したのが、袖(文書の右端)に室町殿▲が花押《かおう》を据えた口宣案《くぜんあん》である。口宣案とは、朝廷が官位の任叙に際し、当事者に与えた略式の文書で、南《なん》

▼室町殿　室町幕府の首長は、居所が室町第であるか否か、将軍在職中か否かによらず、同時代には室町殿と呼ばれることが多かった。前将軍が実権を掌握し、その子が将軍位にあるなど、幕府の首長は必ずしも将軍ではないので、学術上も室町殿の呼称を用いる。

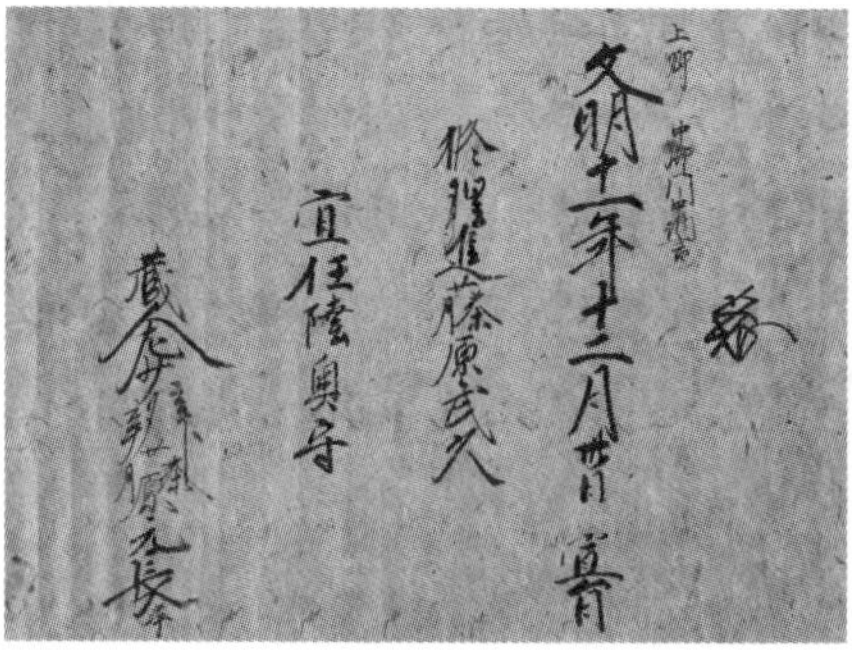
文明十一年十二月廿日　宣旨
修理進藤原武久
宜任陸奥守

●――足利義政袖判口宣案(『島津家文書』)

北朝《ほくちょう》時代以降に一般化した。綸旨《りんじ》▲と同じく天皇の秘書官である蔵人《くろうど》（蔵人頭および五位蔵人）が作成し、料紙に宿紙《しゅくし》▲を用いる。天皇の意思を直截《ちょくせつ》に伝達する文書だといえる。にもかかわらず、任叙の対象者が武士である場合、室町殿が花押を加え、判断の実質的な主体が室町殿であることを示した。そこでの天皇の判断は、明らかに形式的なものに過ぎない。それでは、天皇自身は、武士の任官叙位についてどのような意識を持っていたのだろうか。

大内政弘《おおうちまさひろ》▲は、応仁・文明の乱で西軍の主力になり、乱後も周防《すおう》・長門《ながと》（以上、山口県）・豊前《ぶぜん》・筑前《ちくぜん》（以上、福岡県）を領国として保った有力大名である。ただし、乱中に長く領国を離れて京都にあり、乱後に領国内で求心力を高める必要にせまられ、超絶した官位をその一助にしようとした。一四七八（文明十）年、亡父教弘《のりひろ》に従三位《じゅさんみ》の追贈《ついぞう》▲をうけるため、朝廷の元老《げんろう》というべき前関白一条兼《さきのかんぱくいちじょうかね》良《よし》▲を通じて後土御門天皇に働きかけた。三位以上は公卿《くぎょう》であり、四位・五位の殿上人《てんじょうびと》▲や諸大夫《しょだいぶ》▲とは懸絶した地位になる。武士ではそれまで足利氏の一族のほか、一門の有力者（斯波義教《しばよしのり》など）が稀に叙せられたに過ぎなかった。

政弘の依頼をうけた兼良が何度申し入れても、後土御門は幕府の執奏《しっそう》（推薦）

▼**綸旨**　主人の意思をその使用人が差出人となって伝達する文書を奉書といい、主人が三位以上の場合に御教書《みぎょうしょ》、天皇の場合は特に綸旨と称した。

▼**宿紙**　本来は天皇の物忌《ものいみ》に応じ、あらかじめ内裏に留め置いた紙の称。蔵人所の料紙とされ、平《へい》安《あん》時代後期から薄墨《うすずみ》色の漉返紙《すきかえしがみ》（再生紙）が用いられた。反故《ほご》紙を漉き返しても、それだけでは墨色はほとんど残らず、柿渋《かきしぶ》などの媒染剤で固着させたらしい。

▼**大内政弘**　一四四六〜九五。教弘の子。応仁・文明の乱が勃発するや長駆上洛。乱の終結とともに帰国し、領国支配を立て直した。

▼**追贈**　故人に官位などを贈ること。

がなければ許可できないとして、まったく聞き入れなかった。後土御門はいかなる考えにもとづき、このように回答したのだろうか。何度目かの申し入れを行った際、兼良が天皇の側近くに仕えた女官《にょかん》（勾当内侍《こうとうのないし》）に宛てた仮名《かな》の手紙が残っている（東京大学史料編纂所所蔵『北白川宮旧蔵手鑑零存《きたしらかわのみやきゅうぞうてかがみれいぞん》』▲。次頁図参照）。

たびたび申し入れております大内左京大夫《さきょうのだいぶ》政弘が望んでおります亡父教弘への贈位《ぞうい》のことについて、武家のお心を慮《おもんぱか》ってお認めにならない由の仰せを承りました。それはそれでもっともなことですが、こればかりのことは、そんなに大袈裟《おおげさ》に仰《おっしゃ》るまでもないかと存じます。当方の事情を述べれば、周防国屋代荘《やしろのしょう》（山口県周防大島町）という在所《ざいしょ》が永年不知行《ふちぎょう》になっておりましたのを、近年大内から返してもらいました。そのような縁がありますので、この贈位についても言われたのです。もし贈位について仲介いたしませんと、必ずや再度押領《おうりょう》されるでしょうと、事情に通じた者が申しますので、困惑しております。このような事情ですので、一所《いっしょ》を朝恩《ちょうおん》として下されたものとお考えになり、勅許下さいますようにと申し入れるものでございます。大した奉公はいたしておりませんが、君臣の関係は親子の

▼**一条兼良**　一四〇二〜八一。俗称「かねら」。経嗣《つねつぐ》の子。摂政《せっしょう》を一度、関白を三度つとめる。学才に富み、多数の著作を残す。四人の妻妾との間に二六人の子女をもうけた。末子は七五歳の時の子。

▼**殿上人**　四位・五位の廷臣のうち清涼殿の南廂にある殿上間に昇ることを許された者。

▼**諸大夫**　四位・五位の廷臣のうち殿上間に昇ることを許されない者。家格として固定化、室町時代には「一条殿諸大夫」のように摂《せっ》関《かん》家や清華《せいが》家の特定の家に仕える家柄をさすようになる。

▼**『北白川宮旧蔵手鑑零存』**　旧皇族北白川宮が所持した室町時代の禁裏文書を多数収める手鑑は、一九七〇年代古書肆により解体分売された。現在、東京大学史料編纂所にそのうち三四通を架蔵する。

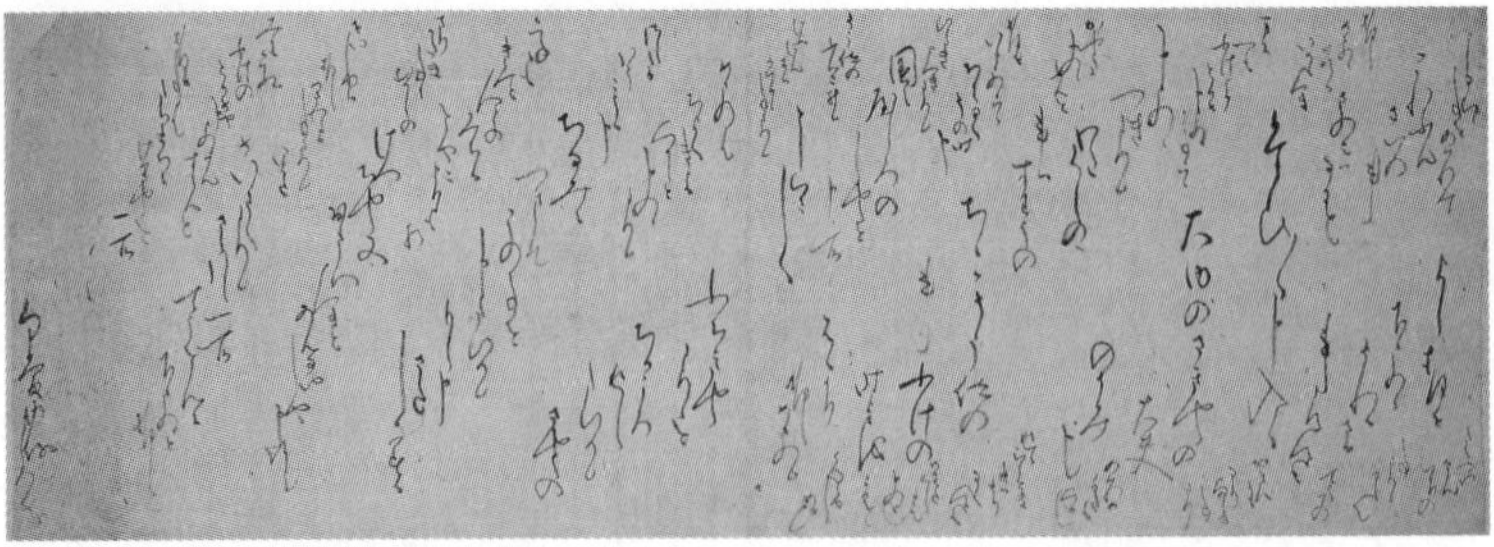

●──一条兼良消息

関係以上に深いものだと、昔の聖主《せいしゅ》はお考えになったものです。本当にあるかないかわからないのに、武家から非難されるかもしれないと仰られたため、たちまち家領を一カ所失う羽目に陥ってしまいますことを、気の毒にお思いになられないとはいかがなものでしょうか。万が一にも武家より非難されるようなことがございましたら、私がこのように申し入れたものなのでと仰られたならば、仕方がありませんのでその時は弁明いたすつもりでおります。これは贈位ばかりのことで、現任《げんにん》とは事情が異なります。ただ追善のためというに過ぎません。お許しいただいても朝家《ちょうか》の瑕瑾《かきん》になるようなことはないと存じます。なんとかお許しいただきたく存じます。それにしても勝手なことを申しますが、内々に申し上げますことを、なにとぞよくご理解いただき、ご披露たまわりますように。あなかしこ。

兼良は、周防国内の荘園《しょうえん》を知行する関係から政弘の依頼をうけ、後土御門が色よい返事をくれないと、この荘園を失うことになるので、自分のためにも勅許してほしいと訴えた。これに対して後土御門は、武家つまり足利義政の意向を忖度《そんたく》し、非難を恐れて勅許を下さなかった。そこで兼良は、今回は贈位すなわち故人に対して位階を贈るもので、生存中の人物に対するのとはわけが違い、深刻に考えるにはおよばないとたたみかけた。それでもなお後土御門が許さなかったのは、天皇の意識において、幕府が任叙を判断する対象については、死後にあっても画然と区別されており、それを侵犯することは非難を招くものだったということである。別な言い方をすれば、天皇の自己規制によって武家官位の範疇が存在していたということになる。

幕府の意向が優先される状況は、廷臣の官位についても存在した。貴族社会では律令の規定を原則としながら、複雑な先例にもとづいた官位の秩序と、それに分かちがたく結びついた家格▲が確立されており、天皇もそこから乖離しないことに留意して任叙の可否を判断していた。そのなかで、現状以上に家格の上昇をはかろうとする者たちは、官位の昇進について、自分に都合のよい先例を見つけ出して提示することで天皇から承諾を得ようとしたが、時に先例の捏造にいたることもあった。

たとえば応仁・文明の乱後に活躍した吉田《よしだ》社の神主《じんしゅ》吉田兼倶《かねとも》▲の事例が知られる。近年、小川剛生《おがわたけお》の研究により、『徒然草《つれづれぐさ》』の作者兼好法師《けんこうほうし》が吉田社祠官《しかん》の家

▼**家格**　摂関家(摂政・関白)、清華家(近衛大将を経て大臣)、大臣家(近衛大将を経ず大臣)、羽林《うりん》家(近衛次将を経て公卿)、名《めい》家(弁官《べんかん》を経て公卿)のように極官《きょっかん》と昇進ルートを指標として区分される。なお、「半《はん》家」は中世では清華家の別称で、堂上《とうしょう》家のうち諸道の家をいう江戸時代のそれとは異なる。

▼**吉田兼倶**　一四三五～一五一一。兼名《かねな》の子。唯一神道《ゆいいつしんとう》を創唱。後土御門天皇に『日本書紀《にほんしょき》』を進講し、吉田社境内の斎場所に出現した器物を伊勢《いせ》神宮の神器だとする綸旨を受けたり、正二位にまで昇るなど、同家の権威を高めた。

である吉田家の一族だとされるのは、子の兼致《かねむね》を六位《ろくいの》蔵人▲や左兵衛佐という職に就けるために兼倶が偽作した先例に由来することが明らかになっている。

兼致の実弟で、朝廷の実務官人の枢要にあたる大外記《だいげき》▲の職を経歴する清原《きよはら》家の養子に入った宣賢《のぶかた》も、一四八六（文明十八）年に六位蔵人に補された。九世紀前半に清原氏の庶流に先例があると主張して強引に実現したもので、後年、先例がないのに六位蔵人に補されたと宣賢自身が述べており、これも捏造した先例であった。そして、宣賢がこの事実を語ったのは、一五〇一（文亀《ぶんき》元）年閏六月、大外記を経歴せずに少納言《しょうなごん》▲への任官を望んだ時のことである。

清原家は、それまで大外記を家職《かしょく》とし、同職を一定年限つとめてようやく少納言に達するのが例であった。ところが宣賢は、実務を主とする卑官《ひかん》として外記を嫌い、より上位の官職への足がかりになる少納言に早く達することを望んだ。その際、先例がないのに六位蔵人になることを許されたのだから、先例どおり少納言に任官するのは何も問題ないはずだと主張してしまったのである。一五年前に朝廷内で議論になり、経緯を記憶していた者もあり、すんなり認められるはずがない。宣賢は語るに落ちたといえよう。

▼**六位蔵人**　禁中の諸用や天皇の食膳の給仕などを担当。六位でありながら昇殿を許される。この時期、唐橋《からはし》・西坊城《にしぼうじょう》（菅原《すがわら》氏）、五辻《いつつじ》（源氏《げんじ》）、薄《すすき》（橘《たちばな》氏）、物加波《ものかわ》（藤原《ふじわら》氏）などの諸家から任じられた。

▼**外記**　令《りょう》制では少納言のもとで太政官《だじょうかん》の文書行政や人事記録を分掌。室町時代には、大外記には中原・清原両氏が任じ、四位を極位とした。少外記は六位で、中原・清原両氏のほか安倍《あべ》・高橋《たかはし》両氏が任じられた。なかに権《ごんの》大外記に任じて五位に昇る者もあった。

▼**少納言**　令制では詔勅《しょうちょく》の宣下《せんげ》の事務を執った。室町時代、清原家以外は、菅原氏の各家や桓武平《かんむへい》氏高棟《たかむね》王流の各家の者が経歴し、ついで公卿に昇っていた。

そこで、宣賢およびその養父清原宗賢《むねかた》のとった方策が武家執奏《しっそう》である。将軍足利義澄から後柏原天皇に対し、宣賢を少納言に任ずるように申し入れてもらったのである。幕府の推薦があったことで後柏原はこれを承認し、宣賢は外記を経ることなく少納言への任官を果たしている。だが、話はそこで終わらない。

少納言に任じた翌月、宣賢はそれまで自分が帯していた大炊頭《おおいのかみ》・主水正《もんどのかみ》という官職を四歳の子息業賢《なりかた》に譲りたいという申請を行った。両職は清原家が世襲しており、それぞれ大炊寮《おおいりょう》▲・主水司《しゅすいし》▲という官司の所領が付属していた。すると後柏原は、この申請を認めないうえに、宣賢に対して勅勘《ちょっかん》(禁裏への出入り禁止)という処分を下したのである。宣賢は三条西実隆を通じて後柏原に謝罪を重ね、同年十二月にようやく赦免される。その際に宣賢は、子の業賢は必ず大外記の職を経るものとし、業賢が同職に就く年齢になるまで、養子を迎えて職務にあたらせること、子孫は永く累代の昇進ルートを守ることを誓約している。後柏原は、宣賢が大外記を経ないままで少納言になるのは不本意だが、幕府の推薦という回路を経たために認めざるを得なかった。それゆえ、勅勘という罰を与えることで、本来のありようの回復をはかったわけである。

▼**大炊寮**　令制では宮内《くない》省の管下で、食料の収納・分給などを分掌。戦国時代に続く同寮領としては、山城・摂津・河内の三カ国に散在した御稲田《みいねだ》が知られる。

▼**主水司**　「もいとりのつかさ」とも。令制では宮内省の管下で、宮廷の飲料水や氷・粥などのことを分掌。同司領は氷室《ひむろ》と付属の氷室田からなり、山城・丹波の氷室が室町時代まで存続した。

▼家格上昇　室町時代に官位を上昇させた家は多い。鎌倉時代には辛うじて参議《さんぎ》に達した菅原氏の諸家が権大納言に昇り、四位までしか昇れなかった医家や陰陽家《おんよう》も二位に達した。

一見、幕府の存在が朝廷の自律的な秩序を攪乱したかのようだが、幕府は主体的な判断によって秩序の改変を意図したわけではない。その原動力は廷臣の家格上昇▲の願望であった。そして、従前の秩序の維持を課題とする天皇は、勅勘という廷臣に対する主従制的な手段を行使することで、武家執奏という回路により生じた変異を抑制したのである。ここにおいても、天皇の格闘は朝廷という組織の維持をめざすものであったといえる。

裁判を行う

朝廷の訴訟制度については、鎌倉・南北朝時代に関して研究の蓄積があり、制度がどのように整備され、いかなる運用がなされたか、詳しく解明され、多様な事象が裁断されたことが知られている。室町時代には、幕府による裁判が広範に展開し、朝廷の行う裁判は減少した。それでも、朝廷につながるさまざまな権益をめぐる訴訟が持ち込まれ、十五・十六両世紀に朝廷の法廷で争われた訴訟にかかわる文書も少なからず残っている。鎌倉時代にととのえられた三《さん》問三答《もんさんとう》という、原告（訴人《そにん》）・被告（論人《ろんにん》）が文書によって主張の応酬を三度行い、それにもとづいて判決が下される方式が一般的で、証拠文書なども添えられたため、ひとつの案件について少なからぬ文書が残される場合が多い。

前節で触れた清原家の者が歴代経歴した大外記という官職は、朝廷における実務の要職であり、清原家のほか、中原《なかはら》氏の数家（応仁・文明の乱前には三家程度あったが、十六世紀前半には一家になる）が交替で同職の上首《じょうしゅ》の地位に就いていた。この地位は局務《きょくむ》と呼ばれ、職務の遂行のため、各家の家領とは別に、穀倉院《こくそういん》▲という官司の所領が付帯していた。具体的には、油座《あぶらざ》で知られる山城国大山崎《おおやまざき》（京都府大山崎町）から油公用《あぶらくよう》と呼ばれる課役が納入された。

一五二九（享禄《きょうろく》二）年二月、中原師象《もろかた》にかわって、清原業賢が同家としてはおよそ七〇年ぶりに局務の職に就いた。交替に際して師象は、大山崎の現地で課役の納入にあたる円通庵《えんつうあん》という者に対し、現地で不審がないようにと詳しく事情を説明しており（『業賢卿記』）、職務にともなう権益が正しく引き継がれていた。ところが清原家は、これを大外記の職と切り離し、自家の所領に組み込もうと画策した。清原家は明経道《みょうぎょうどう》（儒者）の家で、天皇の学問上の師範として経書《けいしょ》▲について教導する役割も果たしていた。一五四六（天文《てんぶん》十五）年に清原枝賢《しげかた》（業

▼**穀倉院**　令外官《りょうげのかん》。平安時代前期には米穀の貯蔵庫を管理。室町時代に続く同院領としては、油公用のほか、播磨《はりま》国小犬丸保《こいぬまるのほ》（兵庫県たつの市）が知られる。

▼**経書**　儒教の古典。『易《えき》』『書《しょ》』『詩《し》』『礼《らい》』『春秋《しゅんじゅう》』の五経《ごきょう》や、『大学《だいがく》』『論語《ろんご》』『孟子《もうし》』『中庸《ちゅうよう》』の四書《ししょ》など。

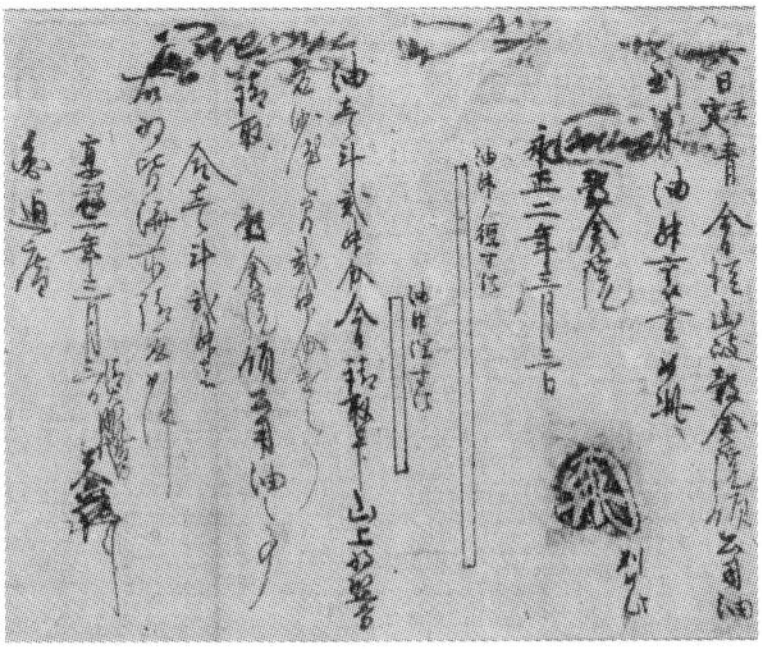

●――**清原業賢が書きとめた油公用の枡と油公用の請取状**（『業賢卿記』享禄二〈一五二九〉年三月六日）

賢の子)が局務であった際、天皇の師範をつとめるため、穀倉院領油公用を灯燭料《しょくりょう》(学問のための灯明の経費)として、「永代《えいたい》」つまり他家に渡すことなくずっと領知するようにという文書を、伝奏勧修寺尹豊《ただとよ》から獲得したのである。

局務の職を清原家がつとめるあいだは問題は表面化しないが、一五五九(永禄二)年に枝賢から中原師廉《もろかど》▲(師象の孫)に局務の交替がなされると、引き渡しを求める中原家とのあいだで訴訟になる。清原家は幕府との所縁が深く、幕府から文書を得ることで現地の支配を有利に進めたようだ。裁判にかかわる文書は一部しか残っていないが、少なくとも二度主張の応酬が行われた。清原家は、京都の戦乱を避けるため重要な文書を比叡山《ひえいざん》に避難させてあるので証拠文書の提出に時間がかかると述べ、引き延ばし戦術をとっている。

双方が主張を取り交わしたのち、正親町《おおぎまち》天皇は、廷臣中の重鎮である前関白近衛稙家《このえたねいえ》▲・同二条晴良《にじょうはれよし》・左大臣西園寺公朝《さいおんじきんとも》に諮問を行い、その結果をもとに近臣《きんしん》の長老たる前右大臣三条西公条《きんえだ》▲と相談して結論を出した。一五六一(永禄四)年閏三月九日の夜に下された判決は、油公用は局務の職に付帯するべきだという判断のもと、清原家による独占的な世襲を認めた一五四六年の決定を破

▼中原師廉　一五二七～九二。師象の子とされるが正しくは孫。父は師称といい、師廉の誕生と前後して死亡したとみられる。

▼近衛稙家　一五〇三～六六。尚通《ひさみち》の子。関白。妹が将軍義晴《よしはる》の室(義輝母)、娘も義輝の室となり、将軍家と密接な関係を築いた。

▼三条西公条　一四八七～一五六三。実隆の子。歌道・古典学を継承。同家で初めて右大臣に昇る。

棄するもので、中原家の勝訴であった。判決書は、蔵人の作成になる綸旨という文書によって交付するため、正親町は翌十日に蔵人甘露寺経元《つねもと》▲に綸旨の作成を命じた。この綸旨の正文《しょうもん》(原本)は、師廉に手交され、師廉の子孫である押小《おしのこう》路《じ》家がうけつぎ、現在は国立公文書館に残されている(次頁上図参照)。

注目したいのは、京都御所内の東山御文庫《ひがしやまごぶんこ》▲に残るこの綸旨の案文《あんもん》▲である(次頁下図参照)。同文庫は、江戸時代の禁裏文庫の後裔で、室町時代以降の禁裏に蓄積された文書を多数収めている。この案文は禁裏に残った控えなのである。その奥(左端)には、「十二日の朝、甘露寺が書きてまいる。やがてこれを写す」、すなわち、十二日の朝に甘露寺経元から綸旨が届いたので、すぐに写した、と記されている。書写した人物は、筆蹟からみて正親町その人であった。

さらにこの案文の裏面には、経元の手になる仮名の手紙が存在する。大納《だいな》言《ごんの》典侍《すけ》という女官に仕える「あやや」という官女《かんじょ》(使用人)に宛てられ、「一昨日に命じられた綸旨は、宿紙▲が手許になかったので、遅くなってしまいました。他所で入手し、ただいま書きととのえてお送りいたします。よろしくお伝え下さいますようお願いいたします」という文面である。天皇から前々日に作成を

▼甘露寺経元　一五三五〜八五。下冷泉為豊《しもれいぜいためとよ》の子。高倉範久《たかくらのりひさ》の跡を継いで範信《のりのぶ》を名乗るが、天皇の命で甘露寺伊長《これなが》の跡を継いで経元と改める。男子に恵まれず、勧修寺晴豊《はれとよ》の子経遠《つねとお》を養子に迎えた。

▼東山御文庫　京都御所内にある二棟の書庫。名称は明治年間に近衛家邸内の「東山の御庫」と呼ばれる土蔵を移築したことによる。

▼案文　古文書学では、文書の写しのうち、その効力に即して作成されたものを案文、好古などのために書写されたものを単に写《うつし》と呼んで区別する。

▼宿紙の不足　「宿紙払底」の語は、綸旨・口宣案の作成遅延にかかわり散見する。他に需要のない紙種で、図書寮《ずしょりょう》を本所《ほんじょ》とする紙漉《かみすき》座《ざ》だけが抄造したので、需給にミスマッチを生じやすかったようだ。

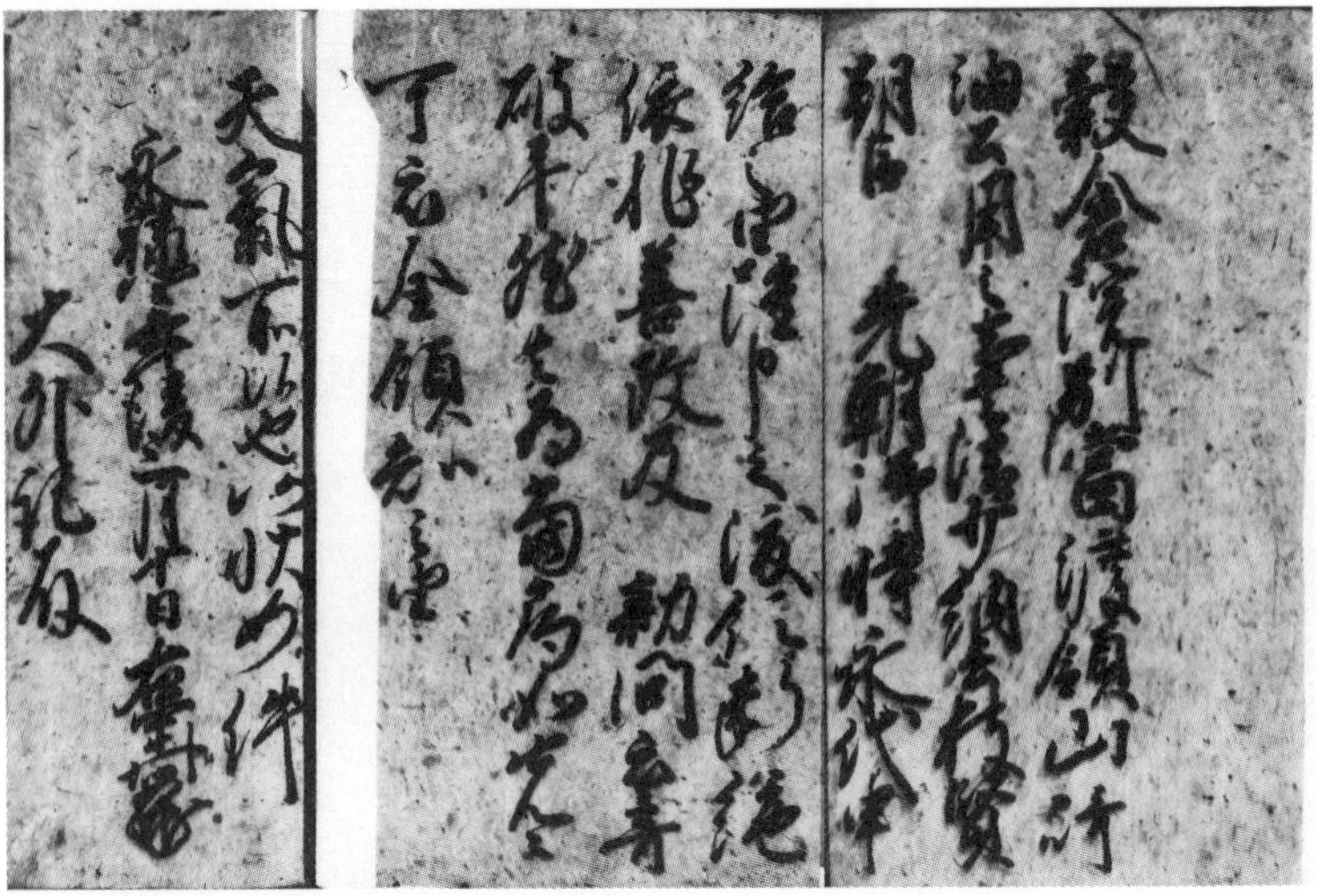

●──**正親町天皇綸旨**(『押小路文書』83集)　文書を冊子に綴じ込んで保存してある。

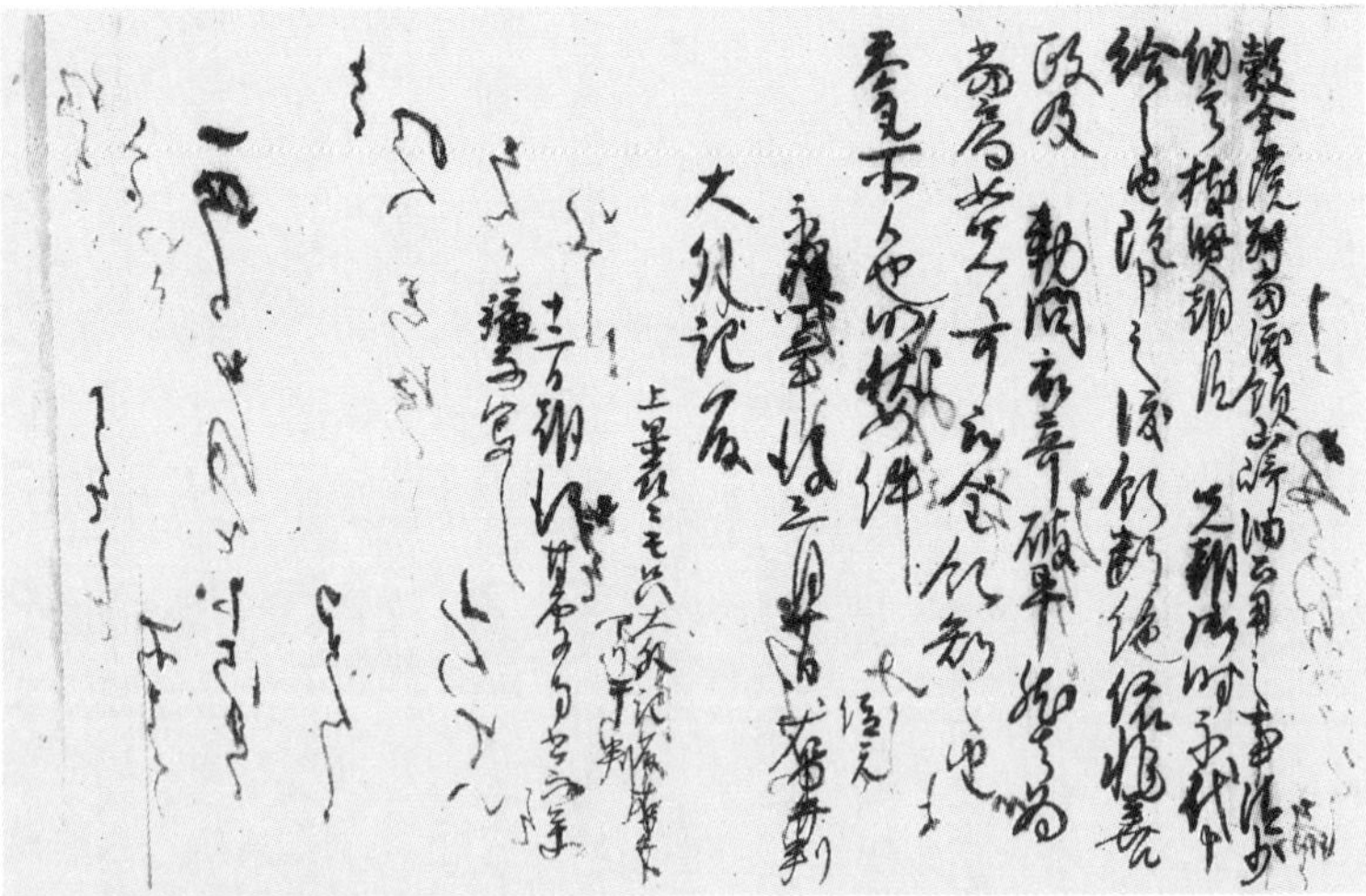

●──**正親町天皇綸旨案**(『東山御文庫所蔵史料』勅封23函6-99-2)　正親町天皇自身が上の文書を写した控え。

命じられた綸旨について、専用の用紙がなくて遅延したが、送ったので天皇に披露するように取り計らってほしい、というのである。十二日朝に正親町が受け取った綸旨に添えられていた送り状にほかならない。

以上から、正親町は、綸旨の作成を命じ、二日後にこれを受け取ると、送り状の裏面に控えをとったうえで、綸旨の正文を師廉に交付したということが知られる。天皇自身が訴訟を指揮し、判決書の作成を命じ、担当者が作成した判決書を確認して控えまで残したのである。戦国期の朝廷の裁判は、まさしく天皇の裁判というべきものであったといえるだろう。

禁裏の蔵書を整備する

天皇の御所である禁裏は、応仁・文明の乱による類焼をまぬかれたが、戦乱中は西軍に占拠され、後土御門天皇は足利義政の住む室町第に避難した。室町第は一四七六(文明八)年に炎上し、天皇も罹災する。その際、天皇の手許にあった多数の典籍や文書も焼失の憂き目に遭った。また、乱の当初から貴族の邸第や寺社が火難や掠奪に見舞われ、その蔵書も甚大な被害をこうむった。

乱の終結以前から、後土御門は、禁裏の蔵書の復興に向け、廷臣たちに典籍を書写させていた。書写活動は乱後も続けられ、蔵書の充実という営みは戦国時代を通じて行われた。書写を命じられた廷臣は少なくないが、なかでも十五世紀最後の四半世紀における甘露寺親長・中御門宣胤《なかのみかどのぶたね》▲・三条西実隆らの活動は詳しく知られる。その一齣を切り取ってみたい。

三条西実隆は、一四九五(明応四)年に改元の記録をまとめた『元秘別録《げんぴべつろく》』▲という本を自分のために書写したが、その紙背文書《しはいもんじょ》▲のなかに、つぎのような手紙が存在する(次頁上図参照)。天皇に仕える女官が天皇の意思を伝えるために記した女房奉書《にょうぼうほうしょ》▲と呼ばれる文書である。差出も宛先も見えないが、女房奉書では差出を書かないことが普通であった。宛先は残っていない二紙目に載せられていたはずで(手紙は、原則として二枚の料紙を用いる)、手紙を翻《ひるがえ》して典籍の書写に用いた実隆自身に宛てられたものだと考えてよい。

後とばのいん《(鳥羽院)》の御たくせん《(託宣)》を、御うつし《(写)》候て、まいらせられ候べく候。この御所に候つるをいま御らん《(覧)》じいだし《(出)》候わず候よし、申《もうせ》とて候。かしく。

(現代語訳)後鳥羽《ごとば》院の御託宣をお写しになって、お送り下さい。この御所にあ

▼**中御門宣胤**　一四四二〜一五二五。明豊《あきとよ》の子。甘露寺親長の女婿。同家は勧修寺流の名家。有職《ゆうそく》に詳しく、親長亡き後、一門の長老として後進を指導した。屋号の訓みは、仮名文書の表記によった。

▼**『元秘別録』**　十世紀以降の改元の儀式について、担当者の人名、改元を命ずる天皇の言葉(仰詞《おおせことば》)などをまとめたもの。

▼**紙背文書**　裏文書とも。料紙として再利用されたことで裏面に残った文書。不要な文書の裏の白紙の面を用いて日記・典籍などを書記することが多かった。

▼**女房奉書**　主人の意思を侍女が差出人となって伝達する文書。主に仮名を用い、独特な文字配列の散し書《ちらしがき》がなされることも多い。天皇の場合は差出人書がないが、室町殿の場合、例えば堀河局《ほりかわのつぼね》という侍女が書き、「ほ」一字を差出書にした。

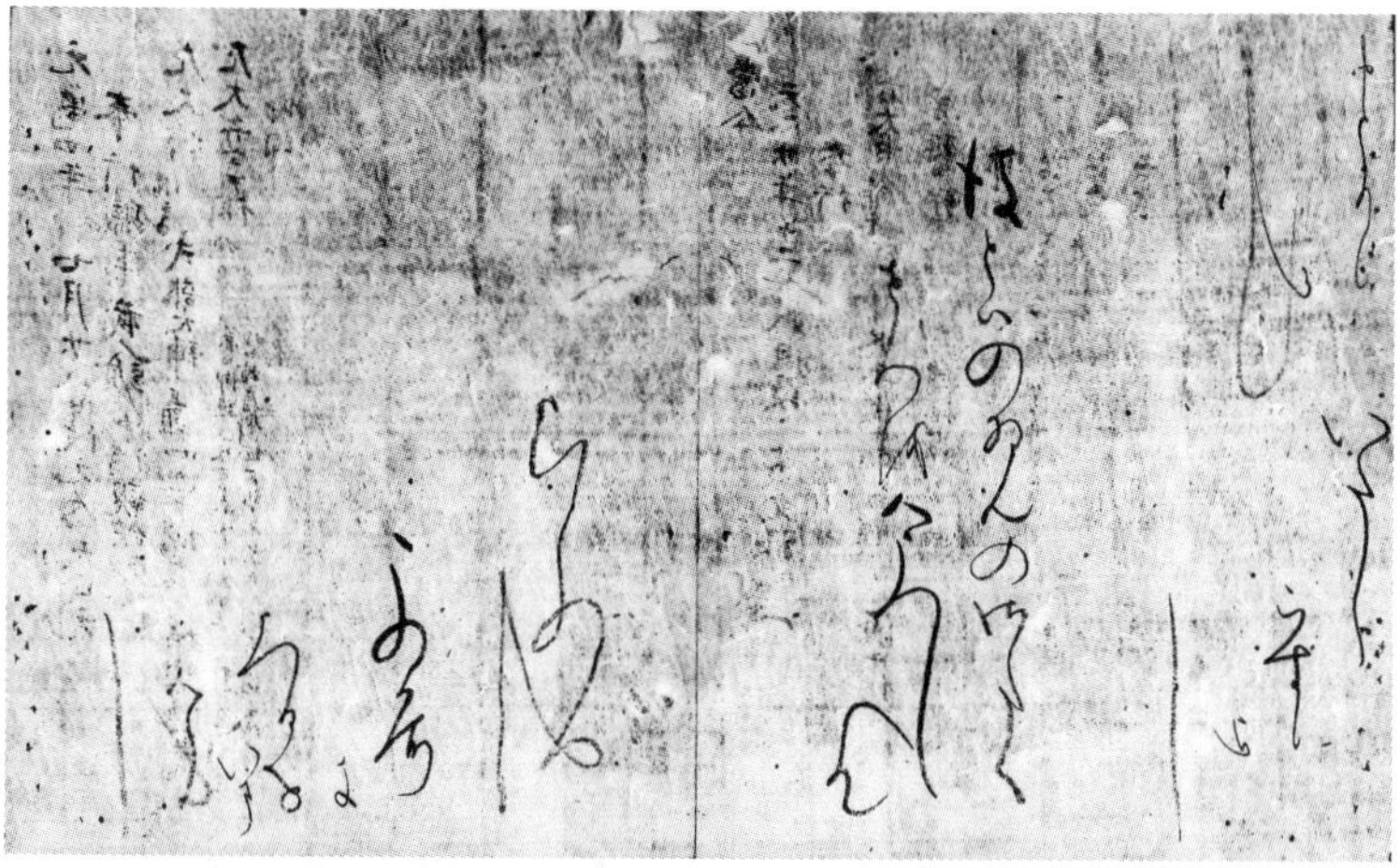

●──後土御門天皇女房奉書(『元秘別録』紙背文書)

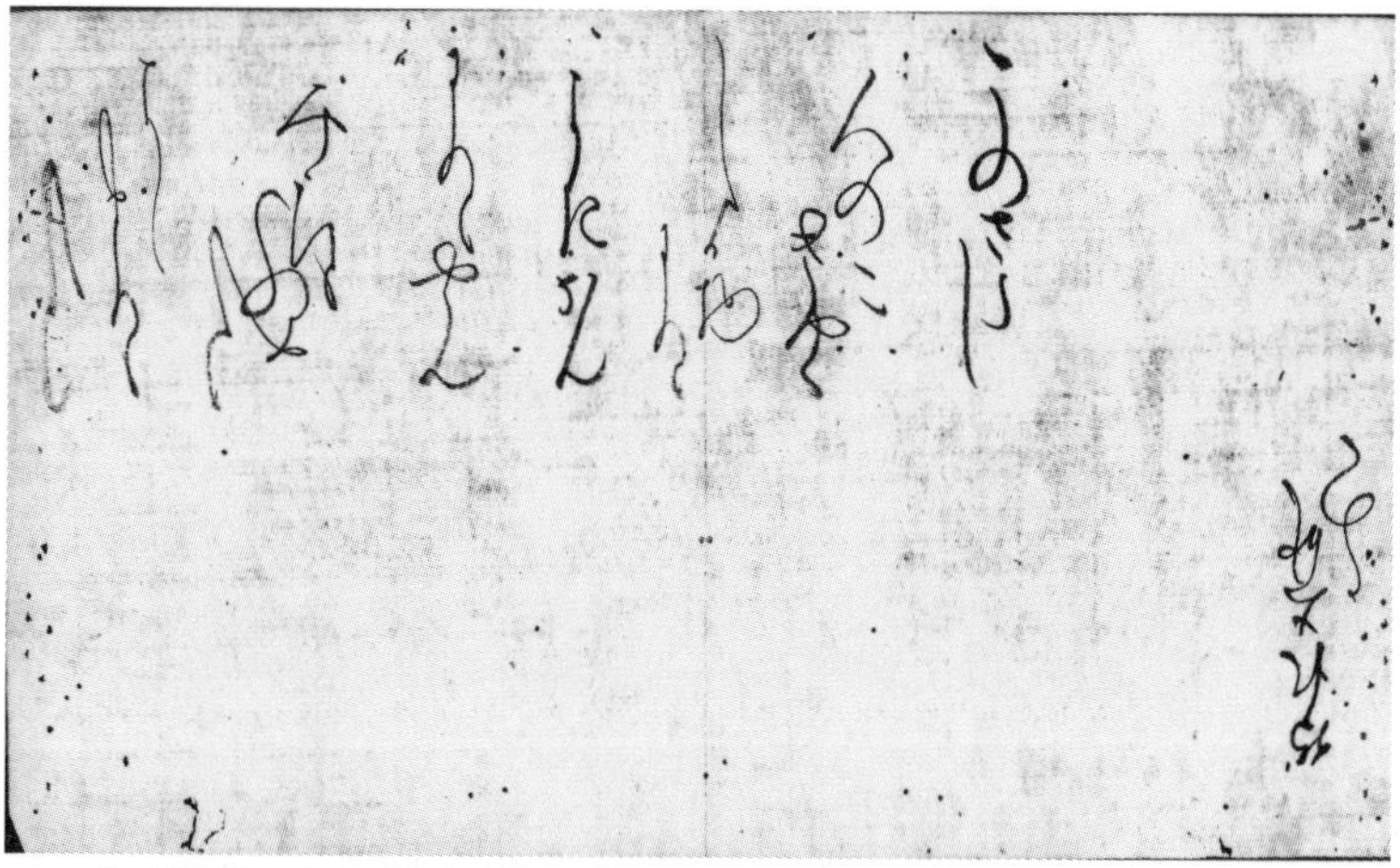

●──後土御門天皇女房奉書(『殿上淵酔部類記』紙背文書)

▼『後鳥羽院御霊託記』　一三三九(暦応《りゃくおう》二)年に従三位水無瀬具兼《みなせともかね》の家の官女(使用人)に憑依した後鳥羽上皇の託宣を冒頭に置き、同上皇にかかわる鎌倉・南北朝時代の託宣や願文などを集めたもの。

▼『殿上淵酔部類記』　綾小路《あやのこうじ》敦《あつ》有《あり》(一三二三〜一四〇〇)の編。主に平安・鎌倉時代の日記から殿上淵酔の記事を抄出編集したもの。

りました本をただいま見つけ出すことができませんということを、伝えよとのことです。かしこ。

後土御門天皇が実隆に対し、『後鳥羽院御霊託記《ごれいたくき》』▲という書物を書写して送付するように命じている。天皇は同書を参照する必要があり、同書が禁裏の文庫にあることを認識していたので取り出すように命じたが、見つからなかった。短いものなので、重ねて探させるよりは写した方が早いと思い、実隆に命じたのであろう。ここから、後土御門は実隆が同書を所持していることを知っていたと解される。天皇は禁裏の蔵書のありようを熟知するのみならず、部分的であろうが、廷臣の蔵書についても把握していたのである。

同じく実隆が一四九一(延徳三)年に書写した『殿上淵酔部類記《てんじょうのえんずいぶるいき》』▲という正月に清涼殿《せいりょうでん》で行われる酒宴に関する記録をまとめた本がある。その紙背文書には、以下のような女房奉書が見出される(前頁下図参照)。これは、一枚の紙を半分に折って用いる折紙《おりがみ》と呼ばれる形態をとり、略式な書き方である。

このさうし《(双紙)》、人のこきゃくし《(沽却)》たる物にて候。よきほん《(本)》にて候やらん。み《(見)》まいらせられ候べく候よし、申とて候。かしく。

よい本でしょうか。
（三条西実隆）
侍従大納言どのへ

（現代語訳）この双紙（書物）は、ある人が売却したものです。よい本でしょうか。検討して下さいとのことを伝えよ、とのことです。かしこ。

売り物として禁裏に持ち込まれた典籍について、良否を確認するように実隆に命じている。典籍に添えたメモのようなものなので、簡略な形式が選ばれたのだろう。購入にあたり、天皇みずからが確認したうえで、典籍に詳しい廷臣に意見を徴したのである。天皇が禁裏の蔵書形成に日ごろから主体的に関与し、質的にもすぐれたコレクションになるよう努めていたことが知られる。

禁裏の蔵書には、和漢の古典など学問の対象になるもののほか、平安時代以来の天皇や廷臣の日記、儀式や政務のマニュアル類など、朝廷の諸活動において参照に資する実用書というべきものも少なくなかった。天皇にとっての実用書の最たるものは、当該期の朝廷において頻繁に行われ、かつ社会的に重要な意味をもっていた官位の任叙に際して参照する諸書であったろう。

官位の任叙、特に天皇を囲繞《いにょう》する廷臣たちのそれにあたっては、任叙をうける側の総体が有している秩序観、つまるところ先例に背馳しない適切な判断が

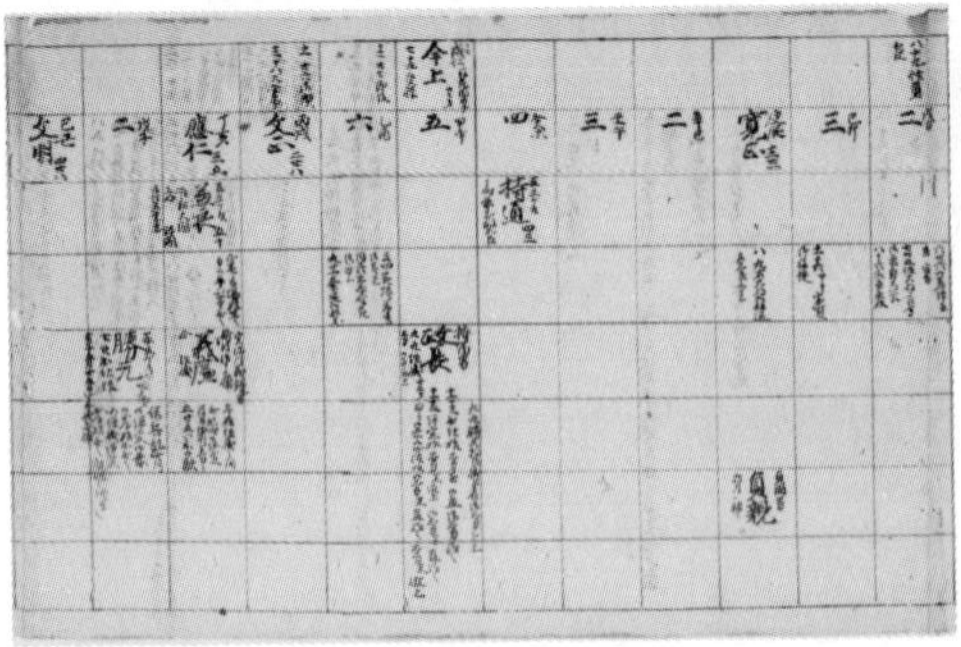
●『公武年代記』(『田中穣氏旧蔵典籍古文書』)

▼年代記　歴史上の出来事を年代順に列挙したもの。天皇名・年号・干支《かんし》を掲げたうえで、主要な出来事を記すことが多い。

求められた。そのため天皇は、当該人員のそれまでの任叙に関する履歴とともに、同人が属する家の前例について精確な情報を把握しておくことが必要になる。このような情報は、当事者や他の廷臣から提供をうける場合もあったが、基本的には、天皇が手許に備えていた補任《ぶにん》・歴名《りゃくみょう》と称される官職・位階についての台帳や、廷臣諸家にわたる系図、年代を確認する年表としての役割を果たす年代記▲などを参照して獲得すべきものであった。

補任・歴名は、官位の任叙の記録を担当する外記・内記の職にある廷臣によって随時改訂されることになっていた。ただし、厳正には実施されず、まま記載漏れがあったようだ。年代記は少なくとも改元のたびごとに増補しなければならず、系図も数十年に一度はまとめて増補する必要があった。

このような増補について、天皇家の系図を例としてみてみたい。前近代の天皇家の系図として最もよく知られる『本朝皇胤紹運録《ほんちょうこういんじょううんろく》』は、一四二六(応永《おうえい》三十三)年に後小松《ごこまつ》上皇《じょうこう》が前内大臣洞院満季《とういんみつすえ》に命じて編集させ、それまで判断が分かれていた箇所の確定をはかるなど、天皇家の系図の決定版として作成されたものである。以後も江戸《えど》時代前期まで朝廷において増補が続けられ、近代国家によって『皇統譜《こうとうふ》』▲が作成される以前、天皇家が自家の相承をどのように認識していたのかを示すものだといえる。天皇の手許には洞院満季の自筆本があったが、当然のことながら、作成当初は後小松の子である称光《しょうこう》天皇までの記載しかなく、以後は代替わりごとに書き継ぎ（書き足し）がなされた。

三条西実隆は、一五〇二（文亀二）年・三一（享禄四）年の二度、天皇の命によって禁裏にある『本朝皇胤紹運録』に「近代の分」を書き入れている。前者は、一五〇〇（明応九）年の後土御門天皇の死を、後者は、二六（大永《だいえい》六）年の後柏原天皇の死をうけての書き継ぎだと考えられる。禁裏の『本朝皇胤紹運録』に記入することは、前代の天皇の履歴や子女について公的な記録を確定することにほかならず、当代を代表する廷臣が筆を執ることが求められたのだろう。禁裏は「本朝」にかかわる公的な記憶装置という側面を有しており、天皇はその維持管理にかかわる責任者としての役割をも果たさなければならなかったのである。

▼**『皇統譜』**　天皇の代数は『皇統譜』によることが多いが、これが最終的に固まったのは、南朝三代目の長慶《ちょうけい》天皇の在位を認定し、九八代目に列した一九二六（大正十五）年十月のことである。

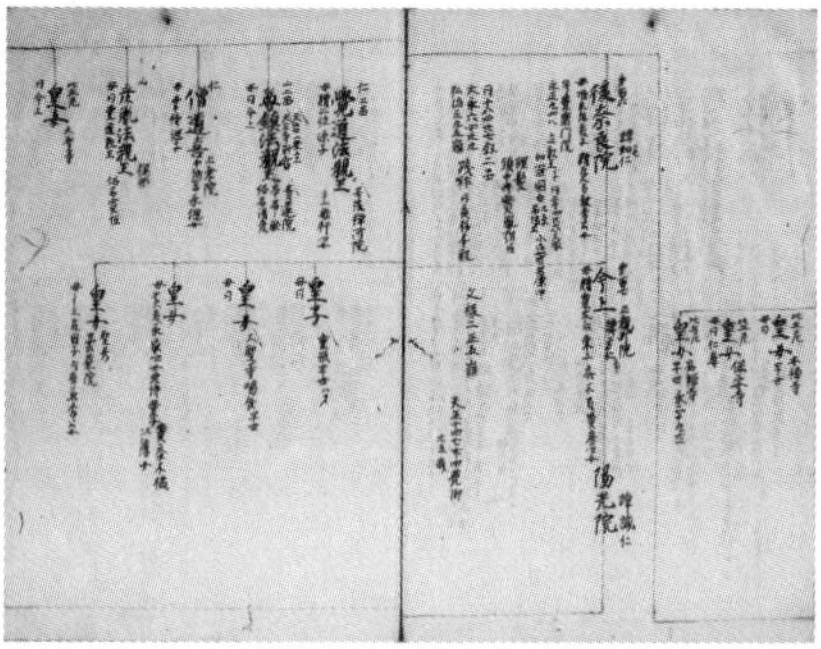

●——**『本朝皇胤紹運録』**（『田中穣氏旧蔵典籍古文書』）

③—天皇のくらし

日記を書く

戦国時代の四人の天皇のうち、後土御門《ごつちみかど》天皇以外の三人は、分量の多寡に違いはあるが、いずれも日記を残している。分量の多い後柏原《ごかしわばら》・後奈良《ごなら》の両天皇の日記は在位中のものに限られるが、正親町《おおぎまち》天皇についてはわずかながら在位前の日記も確認できる。また、三人とも写本だけではなく、自筆の日記が伝えられており、息づかいをうかがうこともできる。

後奈良天皇の一五三五(天文《てんぶん》四)年の日記のうち三月三日からの四日分を現代語訳でみながら、日々のくらしをのぞいてみよう(扉写真参照)。

三月三日。今朝の闘鶏《とうけい》▲は、諒闇《りょうあん》なので行わなかった。今日は桃花節《とうかのせち》で、めでたい日だ。二位局《にいのつぼね》▲(大炊御門信量《おおいみかどのぶかず》の娘)が短冊《たんざく》一〇枚に手本《てほん》用の和歌を書いてくれというので、今朝揮毫した。物加波懐世《ものかわやすよ》▲(初名懐雄《やすお》)が美濃《みの》(岐阜県)に下るので、そのためのものだろうか。『続古今和歌集《しょくこきんわかしゅう》』▲の和歌を書いた。今夜、方仁《みちひと》親王(のち正親町天皇)も来た。酒宴はいつもどおりだが、

▼**闘鶏**　鶏合《とりあわせ》とも。幕府でも三月三日を式日として行われた。

▼**二位局**　一四七五〜一五三七以降。伯母の転法輪三条冬子《てんぽうりんさんじょうふゆこ》の後継者として禁裏の上臈になる。一五二六(大永《だいえい》六)年、弟大炊御門経名《つねな》の娘を後継者に迎えて退出、従二位に叙せられた。

▼**物加波懐世**　?〜一五四五。懐当《やすまさ》の養子か。実父は下鴨社祝《しもがもしゃはふり》の鴨光雄《かものみつお》。物加波家は、院政期以来徳大寺《とくだいじ》家に仕えた諸大夫《しょだいぶ》の家。

▼**『続古今和歌集』**　一一番目の勅撰和歌集。後嵯峨《ごさが》上皇が編纂を命じ、一二六五(文永《ぶんえい》二)年に完成。

▼**知恩寺**　法然房源空《ほうねんぼうげんくう》が住んだ「賀茂《かも》の河原屋」に始まるという。相国寺《しょうこくじ》創建により一条油小路《いちじょうあぶらこうじ》に移る。江戸《えど》時代前期に現在地に移転。

三条西公条《さんじょうにしきんえだ》ができ物のせいで不参なのは残念だった。中御門宣治《なかのみかどのぶはる》が花の枝を進上してきた。紅い花だ。大納言典侍《だいなごんのすけ》がご馳走を用意した。

三月三日の桃の節句には闘鶏を行うのが慣例であるが、正月十一日に天皇の生母豊楽門院《ぶらくもんいん》（勧修寺藤子《かんしゅうじふじこ》）が没して服喪の期間中なので行わなかった。二位局は、かつて上臈《じょうろう》と呼ばれる女官《にょかん》として禁裏《きんり》に出仕し、いまは出家して近所で隠退している。書道の手本という理由で揮毫を依頼されたが、天皇は美濃国に下る廷臣《ていしん》のためであろうと推測している。天皇の筆蹟は地方の武士たちにすこぶる人気があり、地方に持参する土産として格好の品であった。節句には酒宴があるのも慣例で、廷臣たちが参集し、女官から料理の提供もあった。

四日。知恩寺《ちおんじ》▲の長老が八重桜《やえざくら》の枝と菓子一箱を進上してきた。甘露寺伊《これ》長《なが》▲を介して昨夜香衣《こうえ》▲について申請してきたので勅許《ちょっきょ》したのだ。知恩寺が来たので対面した。同じく去年香衣を勅許した長老とも対面した。大和《やまと》（奈良県）の者で寺名は失念した。四辻季遠《よつつじすえとお》が取り次ぐ。三条西実隆《さねたか》が播磨《はりま》の時光寺《じこうじ》▲（兵庫県高砂《たかさご》市）の住持《じゅうじ》の香衣について申し入れてきた。永観堂《えいかんどう》（禅林《ぜんりん》寺《じ》▲）の長老の依頼だ。多田《ただ》（源《みなもとの》）満仲《みつなか》の子孫の時光《じこう》が建立した寺なので時光

▼**甘露寺伊長**　一四八二～一五四八。元長《もとなが》の子。継嗣に恵まれず、死の一〇カ月前に一一歳の養子俊《とし》長《なが》に先立たれ、死後に入った養子熙長《ひろなが》も三年後に一五歳で没。天皇の命で養子経元《つねもと》が家を継いだ。

▼**香衣**　インド原産の香木乾陀《けんだ》羅樹《らじゅ》の樹皮の煮汁で染めた僧衣。天台《てんだい》・真言《しんごん》両宗では赤に黄を帯びた色、禅《ぜん》宗では黄色、浄土宗では紫・緋以外の色に染めた衣をさす。

▼**時光寺**　浄土宗西山《せいざん》派。源満仲の子孫経家《つねいえ》は、摂津《せっつ》浄橋《じょうきょう》寺（兵庫県西宮《にしのみや》市）の証空《しょうくう》（源空の弟子）のもとで出家して時光坊と称し、摂津・播磨各地を遍歴、一二四九（建長《けんちょう》元）年、時光寺を建立したという（『播陽万宝智恵袋《ばんようばんぽうちえぶくろ》』）。

▼**禅林寺**　浄土宗西山派。空海《くうかい》の弟子真紹《しんしょう》が創建。十一世紀後半、永観のもとで浄土教の念仏道場になる。証空の弟子が止住し、西山派の拠点になった。

寺といい、住持は八〇歳だという。勅許した。議定所《ぎじょうしょ》▲の款冬《やまぶき》が花盛りだ。知恩寺は浄土《じょうど》宗の有力寺院で、百万遍《ひゃくまんべん》と称される。前日に甘露寺伊長を通じて香衣の勅許（香衣を着用して参内することの許可）を求めて許された長老が、お礼の品を進上するのと同時に参内《さんだい》し、天皇に対面を遂げた。前年に香衣の勅許をうけた大和国の僧とも対面したが、天皇は寺名を忘れている。播磨国の時光寺の住持も香衣の勅許を望み、永観堂の長老を通じて三条西実隆に依頼して申請を果たした。実隆は、寺名の由来や住持が高齢であることを説明した。

五日。晴れ。霜がおりた。甘露寺伊長の申請があり、常覚寺《じょうかくじ》が参内してきた。この坊主《ぼうず》は永正《えいしょう》四（一五〇七）年に正親町三条《おおぎまちさんじょう》公兄《きんえ》が担当した綸旨《りんじ》によって勅許された前例をもとに申請したのだ。対面した。香箱《こうばこ》と紙一〇帖のかわりに銭四〇〇疋を持参してきた。将軍足利義晴《あしかがよしはる》▲から鷹狩りの獲物の雉子《きじ》三羽を贈ってきた。広橋兼秀《ひろはしかねひで》が取り次いだ。曼殊院慈運《まんしゅいんじうん》▲が来た。

常覚寺は詳細不明だが、同じ日に女官が書いた『御湯殿上日記《おゆどののうえのにっき》』では「美濃の国常光〔覚〕寺」とある。同寺の坊主（住持）は、二八年前に香衣を勅許されており、今回はそれを根拠に許された。将軍からの進物は伝奏《てんそう》が取り次いでいる。

▼**議定所**　清涼殿《せいりょうでん》内の一室。西側が庭園に面する。

▼**足利義晴**　一五一一～五〇。第十二代将軍。在職一五二一～四六。義澄《よしずみ》の子。播磨守護赤松《あかまつ》氏の許で養育され、細川高国《ほそかわたかくに》に迎えられて将軍になる。何度も近江《おうみ》に逃れ、最期も同地で迎えた。

▼**慈運**　一四六六～一五三七。伏見宮貞常《さだつね》親王の子。曼殊院（竹《たけの》内《うち》門跡。青蓮院《しょうれんいん》の脇門跡）の門主。

▼**内々の廷臣**　室町時代、摂関《せっかん》家を除く堂上《とうしょう》貴族は、家を単位に小番《こばん》という禁裏の宿直《とのい》に編成された。この制度が応仁・文明の乱を機に拡充され、天皇との親疎により内々と外様《とざま》という枠組みを設けたことで、廷臣の家における近臣・外様の明確化につながった。

▼**貞敦親王**　一四八八～一五七二。邦高《くにたか》親王の子。後柏原天皇の猶子《ゆうし》として親王宣下《せんげ》をうける。

六日。晴れ。霜がおりたというが、見ていない。今日は女房と内々《ないない》の廷臣▲たちが恒例により酒宴を用意した。めでたいことだ。方仁親王・伏見《ふしみ》宮貞《さだ》敦《あつ》親王▲・梶井門主彦胤《かじいもんしゅげんいん》親王▲が来た。三時知恩院《さんじちおんいん》▲は咳が出るので不参だが、酒三樽と料理五箱を贈ってきた。般舟三昧院《はんじゅざんまいいん》▲の幸遵西堂《こうじゅんせいどう》が挨拶に来て、高檀紙《たかだんし》▲一〇帖と扇を進上してきた。議定所で対面した。薄以緒《すすきゆきお》▲が取り次ぐ。方仁親王も酒二樽と料理三種を持参した。夕方から酒宴が始まり、三献目は方仁が酌し、五献目は私、六献目は貞敦、七献目は三時知恩院の酌だった。たいへんよい会だった。夜中に宴会が終わるとみな帰っていった。

天皇に仕える女官や廷臣たちが費用を出し合って酒宴を催し、方仁親王・伏見宮や山門三千院《さんぜんいん》の門主などが列席し、尼門跡《もんぜき》も招かれた。三時知恩院（足利義尚《よしひさ》の娘）は欠席を知らせて酒肴を贈って来たが、酒宴で盃酌をとったとみえるので、結局は参内したようだ。ほかにも、前月に豊楽門院の四十九日法要の会場となった伏見の般舟三昧院の院主《いんじゅ》幸遵が参内し、これに対面している。

天皇の日常はなかなかに多忙である。香衣の勅許など高僧としての待遇を求める僧侶たちは、所縁のある廷臣を窓口に申請を行うが、天皇は関連文書の提

▼彦胤親王　一五〇九〜四〇。後柏原天皇の六男。梶井門跡（三千院）の門主。

▼三時知恩院　比久尼《びくに》御所。入《いり》江《え》殿とも。現在は三時知恩寺。天皇・足利両家の女子が門主を相承。

▼般舟三昧院　天台・真言・律《りつ》・浄土の四宗兼学の道場。一四七九（文明十一）年後土御門天皇が伏見に創建し、浄土宗西山派の三《さん》鈷寺《こじ》住持善空《ぜんくう》を開山《かいさん》とした。

▼高檀紙　檀紙は楮紙（コウゾを原料とする紙）のうち厚手の高級紙。高は判型が大きいこと。より大きいものを大高檀紙という。

▼薄以緒　一四九四〜一五五五。以量《ゆきかず》の養子。実父は唐橋在数《からはしありかず》。二六年間六位蔵人《くろうど》をつとめ、五六歳で従三位《じゅさんみ》に昇り、死の前日に参《さん》議《ぎ》。同家（橘《たちばな》氏）の参議任官は、橘好古《よしふる》以来で、およそ六〇〇年ぶりであった。

示や詳細な状況の説明をうけ、当否の判断を下さねばならなかった。許可を出した場合、僧侶たちは参内してくるが、これにも対面しなければならない。参内もすぐに来るとは限らない。寺名を忘れたりするのも無理はない。ほかにも対面に来る者は多く、日常的に出入りする門跡たちもあった。

恒例の行事や随時行われる酒宴についても、詳細に記録し、親族や近臣《きんしん》・女官の参否や持参した品々まで気に懸ける。贈答の品名や数量をいちいち記録するのは、そこに先例にもとづく相場を意識しており、その変化に敏感であろうとしたからだろう。引退した女官からの求めに応じて揮毫もこなし、それが手本でなく地方への手土産になることを予想している。いわば目的外に使用されることを黙認し、廷臣たちに便宜を供与したわけである。

この日記からうかがわれるのは、天皇自身が微細なことにまで気を配り、バランス感覚を磨いていたという事実である。そして、天皇がこのような日記を残したのは、その判断をより適切なものとし、朝廷の存続に資することを意図していたからにほかなるまい。天皇の意識にのぼっている世界は、必ずしも広くはないが、縮小する朝廷とそれを囲繞《いにょう》する諸勢力間の平衡を維持するように

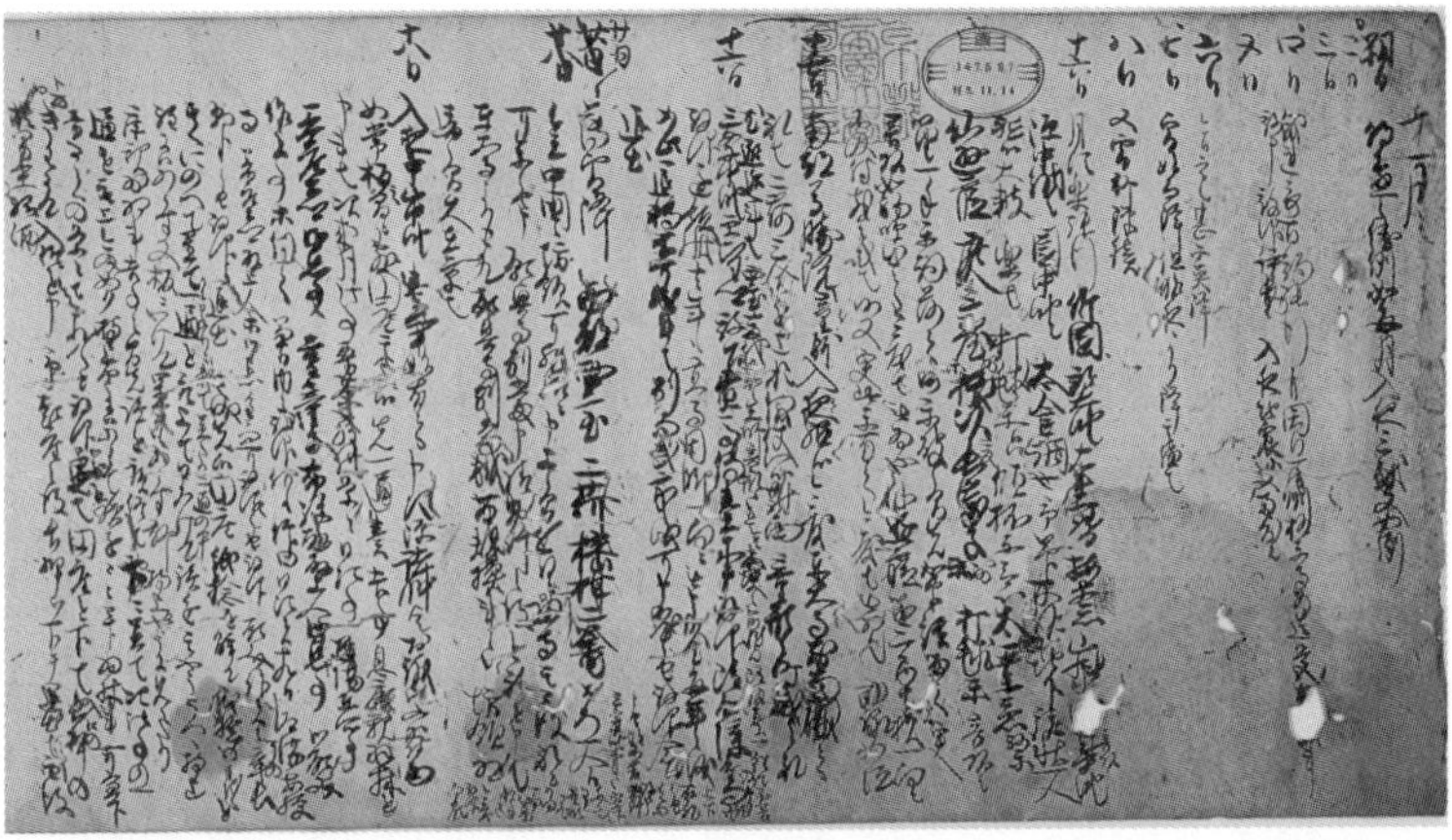

●──**後柏原天皇の日記**（京都大学附属図書館所蔵平松文庫本『明応八年具注暦』）1502（文亀２）年11月。紙背は1499（明応８）年の具注暦。

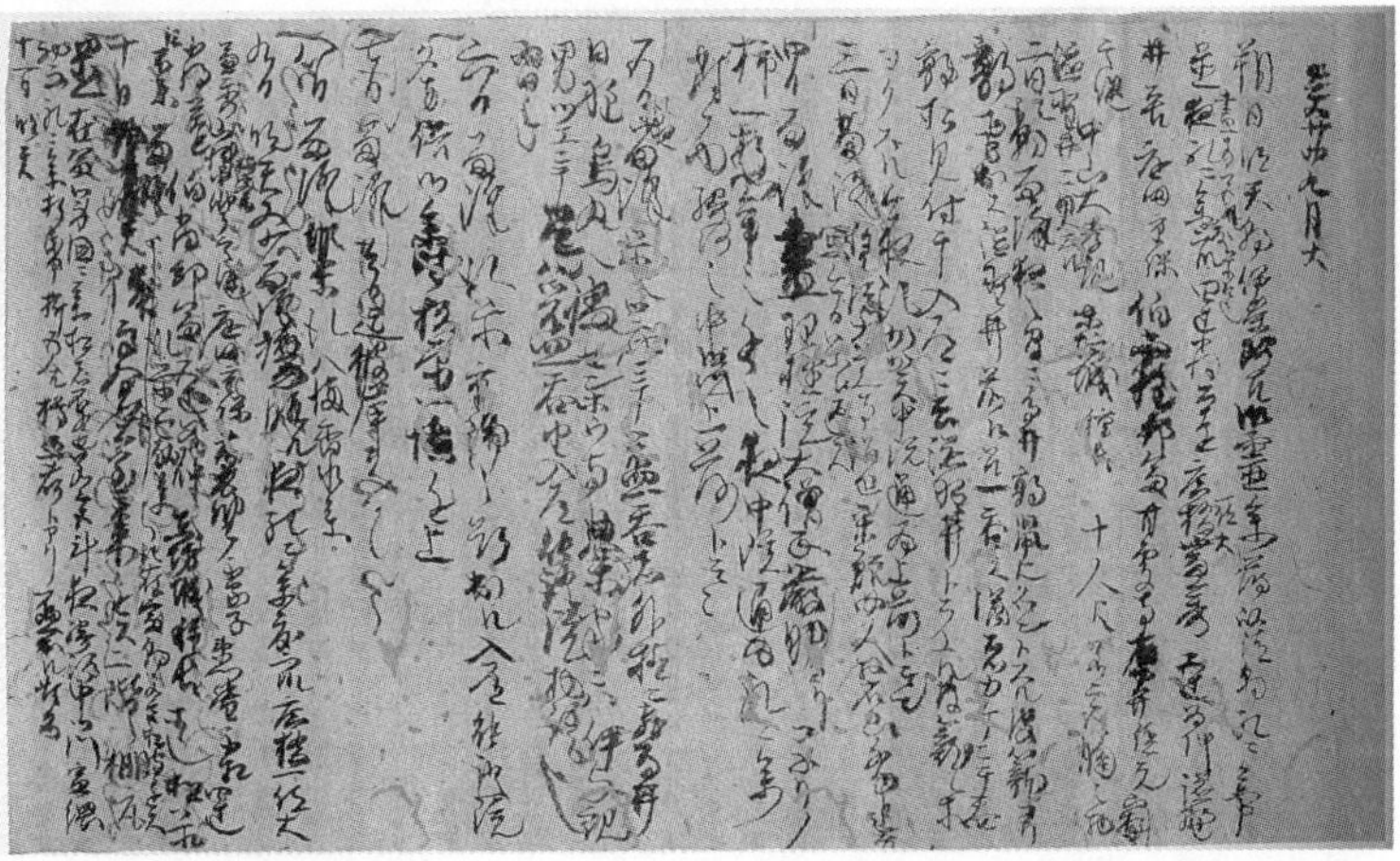

●──**正親町天皇の親王時代の日記**（『東山御文庫所蔵史料』勅封163函56-1-6）1555（天文24）年９月。

努めるのは、少なからず心理的な圧迫をうけるものであった。戦国時代の天皇の日記は、苦闘の軌跡という側面を確かに有している。

手紙をしたためる

年賀状という言葉は、近代郵便制度の発達のもと、年頭の挨拶を記した葉書の往来が盛行し、一九〇〇(明治三十三)年前後に一般化したもののようだ。ただし、新年の賀詞《がし》を述べるために書状を送るという行為は古くから行われていた。これも年賀状と呼ぶならば、十六世紀前半までには天皇が宮家や門跡とのあいだで毎年のように年賀状を交すという習慣の定着していたことが確認できる。

書状とは、みずから出向いて口頭で陳べることの代用であるから、まずは宮家や門跡《もんぜき》が天皇に賀状を送り、天皇がこれに返事をしたためる。伏見宮から届いた年賀状に対する返事として正親町天皇が書いた年賀状をみてみよう(宮内庁書陵部所蔵伏見宮本『正親町天皇御賀状類』一四。五八頁図参照)。

まことに青陽《せいよう》の嘉祥《かしょう》、人日《じんじつ》▲ことさら色そ(添)うめでたさ、四海《しかい》安全・天下太平

▼人日　正月七日のこと。

の時いたり、朝廷政事《ちょうていせいじ》昔に復し、礼楽《れいがく》諸道再興の事にて候《そうら》えば、宮中も残る事なき御繁昌《はんじょう》、祝詞《しゅくし》の限《かぎり》にあらずおし《（推）》はか《（量）》りまいらせ候て、なおなお尽期《じんご》なきめでたさ、御参賀候て申され候べく候。かしく。

（現代語訳）本当に新春の幸運の兆しに、七日のお祝いがとりわけめでたさを増しています。四海安全・天下太平の時が来て、朝廷のまつりごとが昔のとおりに行われ、社会の秩序もふたたびかつての様を取り戻しましたので、宮家も何事についても繁栄されていることでしょう。どれほどお祝いの言葉を述べても足りないと思いますので、まだまだ際限のないめでたさを、こちらにお出でになってお申し下さい。かしこ。

朝廷の政務や社会秩序がよき古《いにし》えに復し、天皇も伏見宮も何事においても満足する状況が到来し、それを言祝《ことほ》いでいる。ところが、実際には、京都の周辺でも争いが絶えず、正月恒例の重要な儀式はほとんど行われず、禁裏も宮家も経済的に疲弊していた。つまり、この年賀状は、客観的な事実とはまったく異なる文言を綴《つづ》ったものなのである。

文章を「まことに」▲と始めているのは、相手の年賀状をうけて、本当にあなた

▼**まことに**　同じ使い方をする語句に「仰せの如く」などがある。

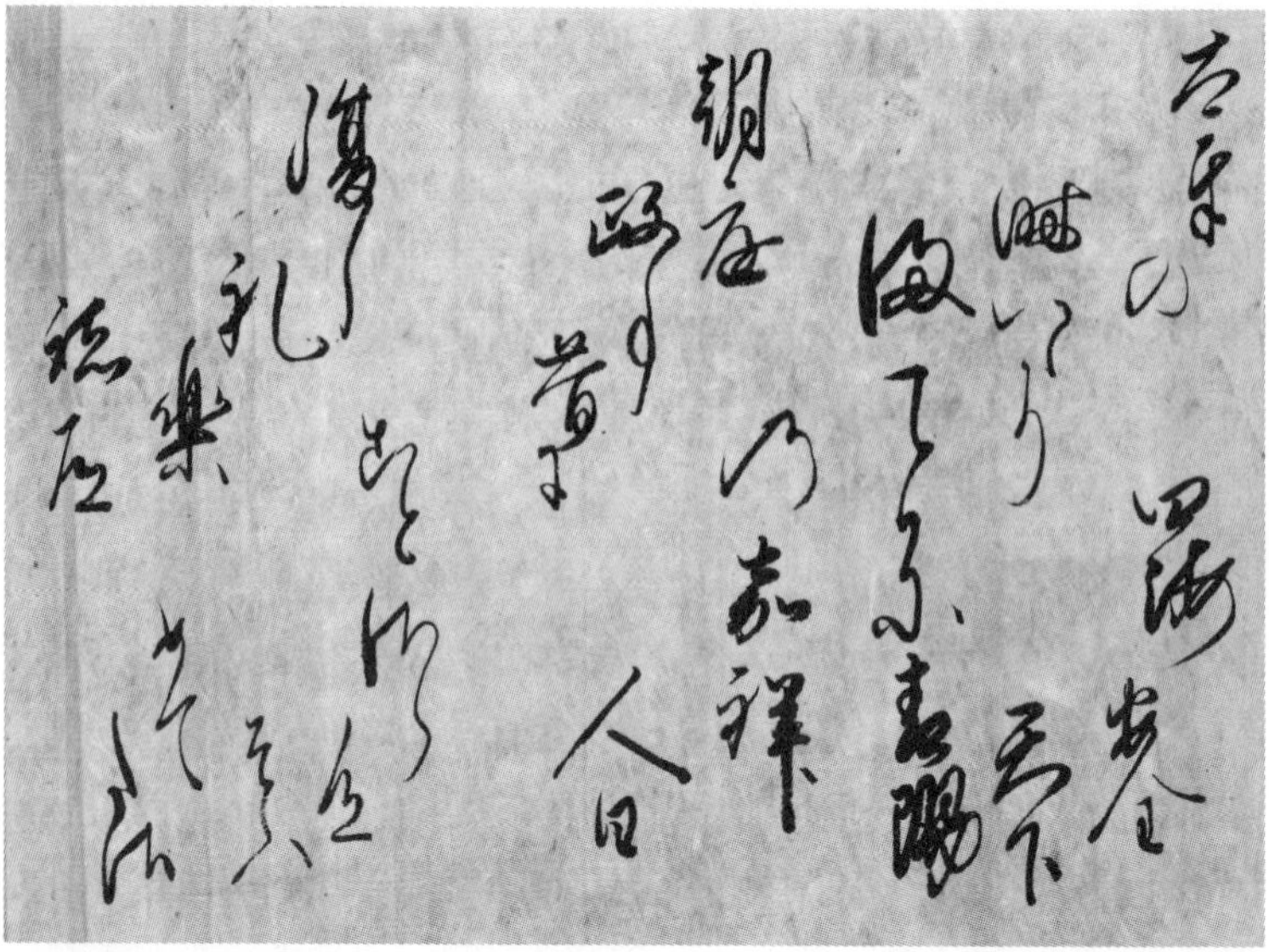

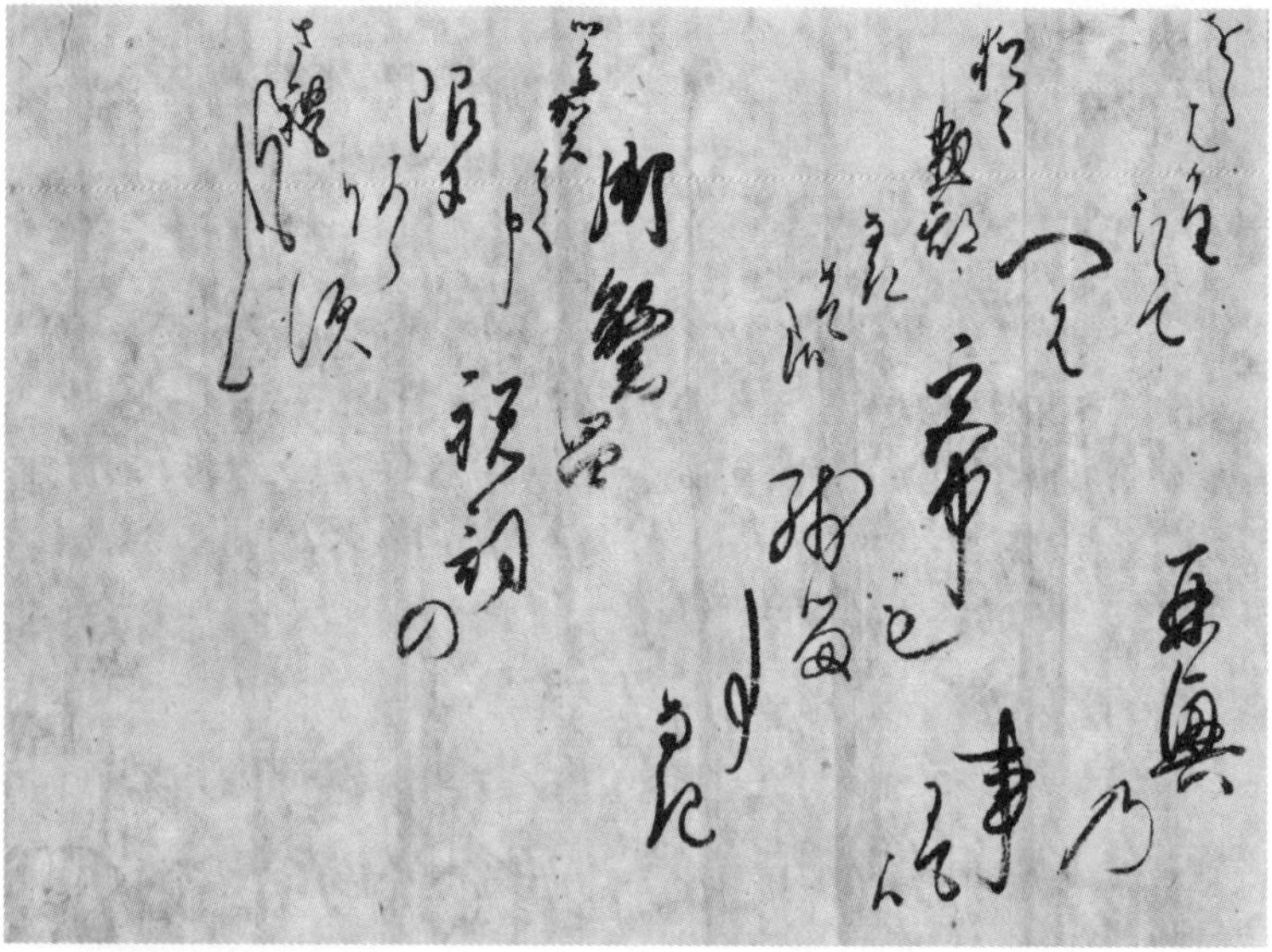

●──正親町天皇の年賀状

▼予祝　期待する結果を得たものとしてあらかじめ口に出して祝福すると、その結果が得られるという言霊《ことだま》の考えにもとづき、実現を祈るありよう。

の仰《おっしゃ》るとおりと応じたからで、伏見宮の年賀状にも同様の内容が記されていたはずである。事実としては空疎な言葉の応酬に過ぎないが、これは年初における予祝《よしゅく》▲の応答にほかならず、彼らの願望をよく示している。日記においても各月の最初に予祝の言葉を記すことは普通で、たとえば後奈良天皇は一五三五(天文四)年九月一日の日記を「一日。晴れ。天下太平、朝廷繁昌、諸事満足、歓喜歓喜」と書き始めている。

戦争がなく、儀式がしっかりと行われ、朝廷を中心とする社会秩序が昔どおりに戻ることこそ、天皇やそれを囲繞する人びとの理想であった。そこから逆に、平和と秩序の表象である朝廷の儀式を行うことが平和と秩序の安定を招来するという彼らの信念を生んだ。朝儀の遂行に向けた執拗な意思は、社会の安寧のために朝廷が必須の存在だという、みずからの存在意義にかかわる信念にもとづいていた。年賀状のような形式的な手紙であるだけに、かえって天皇とそれを取り巻く人びとの共有する意識が明瞭に示されているといえよう。

この年賀状でいまひとつ注目したいのは、差出人の名が書かれていないことである。身分秩序の頂点に位置する天皇が自分の名を記すのは、原則として、上皇《じょうこう》などの目上の者に手紙を送る場合に限られた。もちろん、手紙は使者によって届けられるので、差出人の名が書かれていなくても、当座は誰の手紙なのか紛れることはない。受け取った側で端裏《はしうら》▲に「勅書《ちょくしょ》」(天皇の手紙)といった注記を加えている場合もあるが、そのような記載のない場合、後世の者にとって天皇が書いた手紙は誰のものか非常にわかりにくく、筆者の確定には筆蹟や内容を詳細に分析することが必要になる。

もっとも、天皇が自身の名義で手紙を出すことは少なく、近侍の女房に意を奉じさせる方が多かった。それだけに、年賀状のような挨拶のための手紙以外にわざわざ筆を揮った手紙は、重要な案件にかかわる蓋然性が高い。つぎの文書は、一五三五年十二月に後奈良天皇が室町殿足利義晴に送った手紙である(『醍醐寺文書《だいごじもんじょ》』九三函六号。次頁図参照)。

理性院《りしょういん》(宗永)僧正申し候太元料所《りょうしょ》▲の事。ことさら自余にこんじ(混)候わぬ事にて、七百年以来いまに(今)応仁の乱にもかたの(形)ごとく(如)退転なく、小法の分にてもおこない(行)きたり(来)候事にて候。当年はいささか(聊)御修法のまねかた(真似形)も別願にて候し処に、かようにいわれ(謂)なくおとされ(落)候えば、たちまち(忽)闕怠に及び候わ

▼**端裏**　文書の右を端、左を奥という。端の裏面は文書を巻いた際に外側に露出するので、内容の覚えを記すことが多い。

▼**料所**　特定の用途にあてるための所領。仏事の料所が設定されている場合、当該所領からの収益が途絶すると、仏事は行われなくなる。

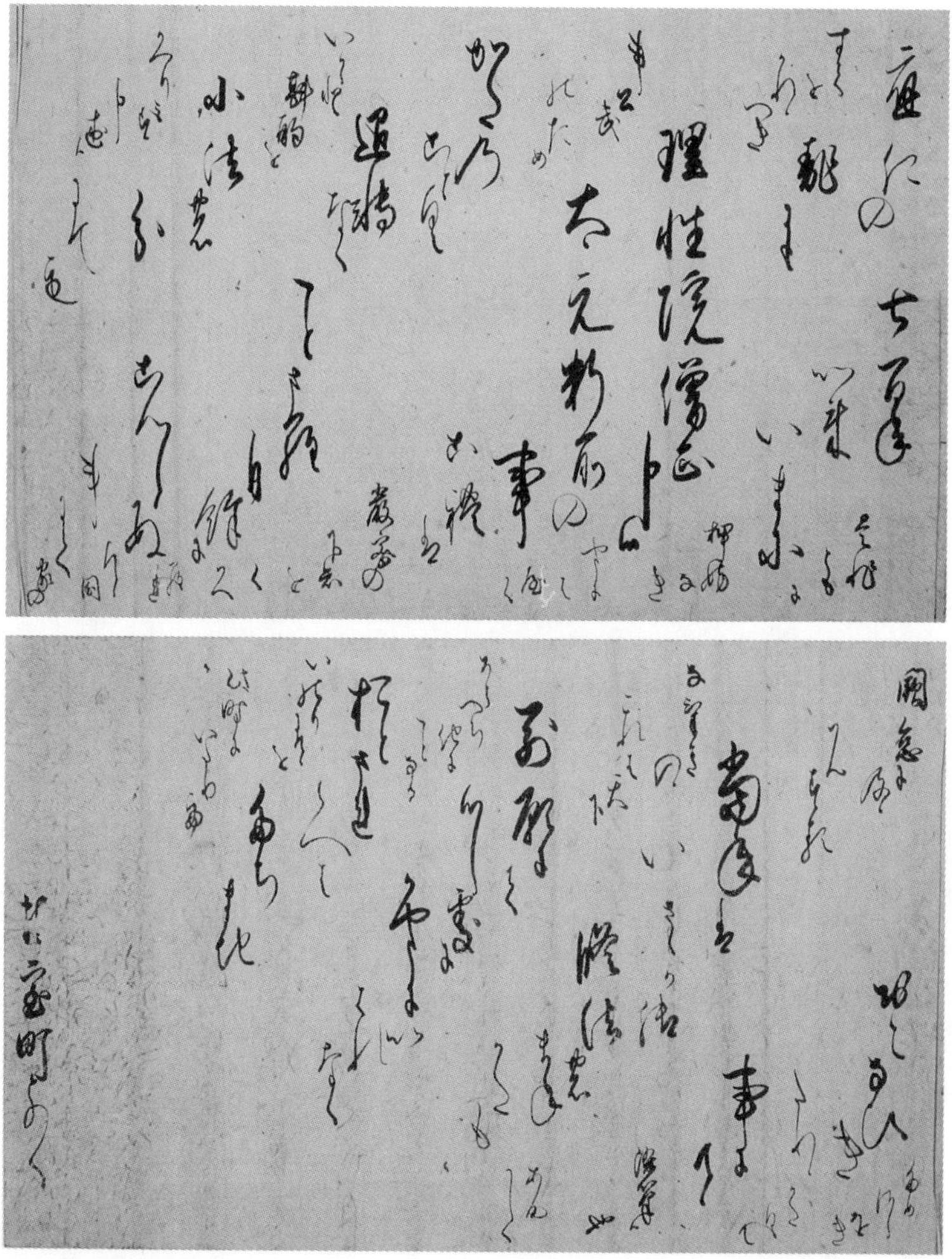

●——後奈良天皇消息

んずる。なげき《（嘆）》入り候。これは天下そうべち《（惣別）》他にことなる《（異）》いのり《（祈）》にて候を、此時にいたりてすておか《（棄置）》れ候べき事、公武のためいかがと斟酌をかえりみ《（顧）》ず申述べ候。是非ともに押妨なきように、はやく《（早）》厳密の下知をくわえ《（加）》られ候べく候。国家のためさしおきがたくて染筆候也。あなかしく。

（切封ウワ書）
「室町どの《（足利義晴）》へ」

（現代語訳）理性院の宗永僧正《そうえいそうじょう》が訴えている太元帥法《たいげんのほう》の料所のことは、格別で他のこととは同列には扱えないことがらで、（太元帥法は）七〇〇年のあいだ現在まで応仁の乱でもどうにか絶えることがなく、小規模な形態であっても行われてきたことです。今年はなんとか本来のかたちに似せて行いましたが、このように理由もなく（料所を）押領《おうりょう》されてしまうと、すぐにも実施不能になってしまうでしょう。嘆かわしいことです。太元帥法は他とは違う特別な祈禱《きとう》なのに、ここにおよんで見過ごされるようなことは、公武のためにどうしたものかと遠慮をせずに申し述べる次第です。ぜひとも押領がないように早速に厳重な命令を出して下さい。国家のために見過ごしにできず筆を執りました。あなかしこ。

太元帥法とは、九世紀半ばに始まり、毎年正月八日から十四日まで七日間にわたって禁裏で行われた国家安泰のための祈禱で、南北朝《なんぼくちょう》時代以降は醍醐寺理性院の院主が担当した。この祈禱の費用をまかなうため、入唐《にっとう》して同法を日本に将来した常暁《じょうぎょう》▲にゆかりのある小栗栖《おぐるす》(京都市伏見《ふしみ》区)周辺の土地が料所に定められていたが、近隣の武士たちによって押領がなされ、理性院に収益が入らず、実施が危ぶまれる状況にあった。理性院主の宗永はもちろん押領の停止《ちょうじ》を幕府に訴えたが、効き目がなく、天皇にも訴え出たのである。

後奈良は国家安泰に資する太元帥法の実施が困難な状況を重大な危機ととらえたが、強制力を持たない朝廷に自力でこの局面を打開する方策はない。そこで後奈良がとった手段は、室町殿に手紙を書き、太元帥法が断絶の危機にあることを訴え、押領停止の命令を求めることであった。朝廷から幕府への依頼は、女房奉書を伝奏に宛て、それを室町殿へ伝達させるのが常套であったから、天皇本人が筆を執って直接に意思を伝えるのは異例で、案件の重要性を示す。はたして義晴は承知した旨を答えている(『理性院文書』)。

右の手紙のなかで後奈良は、「公武」双方にかかわり、「国家」のために看過できない問題なので、やむを得ずに筆を執ったという姿勢を強調する。このよう

▼**常暁**　?〜八六七。八三八(承和《じょうわ》五)年入唐し、太元帥法を学んで帰国。八五一(仁寿《にんじゅ》元)年、毎年正月八日から七日間宮中《きゅうちゅう》で同法を修することを認められた。

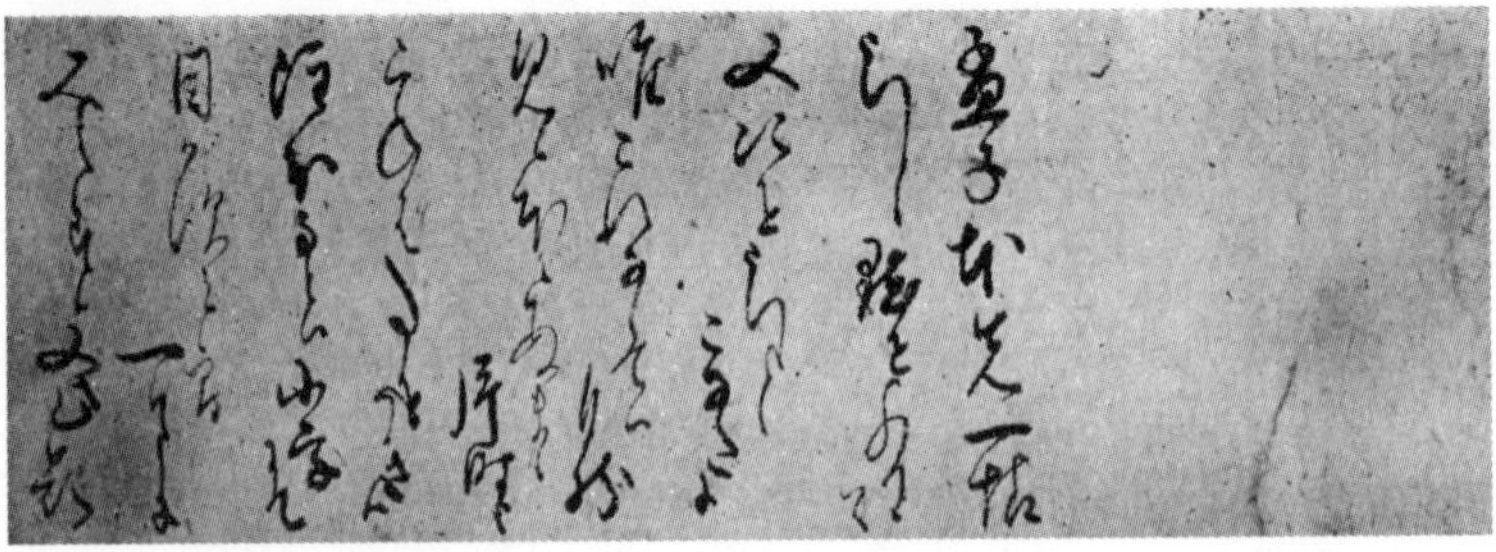

に特別な理由を提示できるものでなければ、みずから依頼することは躊躇されるものであったに違いない。軽微な事項について筆を執ることや、依頼が容れられないことが続くと、天皇の権威を貶めることにつながるからである。天皇はここにおいても状況を的確に把握することを求められていたのである。

親王を教え導く

先にも述べたが、天皇の手紙は差出人の名が書かれないことが多く、誰の手紙なのかわかりにくい。「宸筆《しんぴつ》」「宸翰《しんかん》」と称される天皇自身の筆蹟については、戦前・戦中に研究が進み、代表的なものを集めた『宸翰英華《しんかんえいが》』▲という図版と解説からなる本が一九四四（昭和十九）年十二月に刊行されている。

つぎの手紙（『東山御文庫所蔵史料』勅封一〇一函一―八―一。上図参照）は、『宸翰英華』のなかで正親町天皇の手紙とされているが、一緒に保管されている同一筆蹟の手紙に検討を加えると、のち正親町天皇になる方仁親王がその父後奈良天皇から受け取った手紙であることが知られる。つまり、後奈良の筆蹟をその子正親町の筆蹟だと誤解していたのである。そして、この手紙からは、帝王教

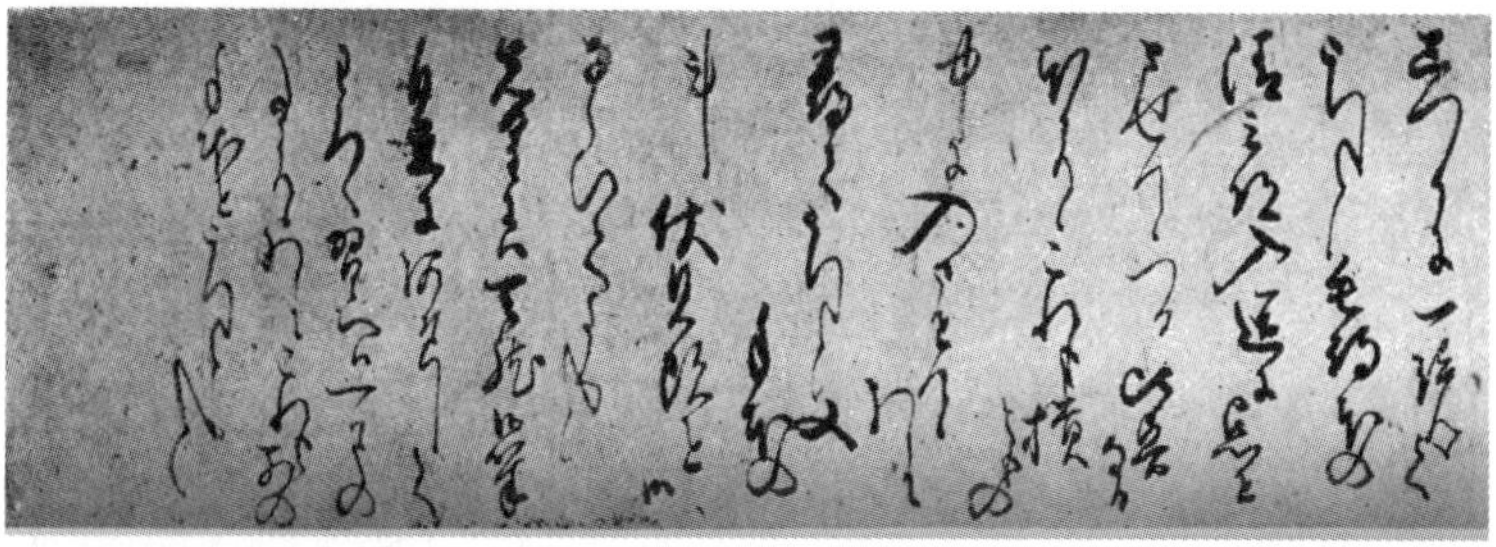

●——後奈良天皇消息

育ともいうべきものの片鱗を読み取ることができる。

孟子本先《もうしほんまず》一帖《じょう》まいらせ候。点《てん》ぜられて候わば、又次をまいらせ候べく候。こなたに唯《ただ》これならでは、自然《しぜん》見候本候わぬまま、片時《かたとき》も候わねば事をか（欠）き候。注本《ちゅうほん》などは、小字《しょうじ》にて目かすみ（霞）候間、一こう（向）にみえず候。又此題しずかに一覧候てまいらせ候べく候。毛詩《もうし》本の清三位《せいさんみ》（清原宣賢）入道《にゅうどう》に点ぜさせて候つる、比興《ひきょう》なる本にて候。これも櫃《ひつ》どもの中に入させて候ほどに、尋てまいらせ候べく候。又手本《てほん》の事、伏見院を御ならい（習）てよく候べく候。先皇《せんこう》（後柏原天皇）には天然御筆自在にあそばし候て、わろく（悪）習候えば、一こうの事にて候ほどに、これも別の手本をまいらせ候べく候。かしく。

（現代語訳）孟子の本をひとまず一帖お送りします。加点《かてん》なさったら、また続きをお送りします。こちらには唯一この本以外には、必要な際に見る本がありませんので、少しのあいだでもないと困ってしまいます。注釈のある本などでは、文字が小さくて目がかすんでしまい、少しも見えません。またこの和歌の題をじっくりご覧になって（和歌を詠んで）お送り下さい。毛詩の本で清原宣賢《きよはらののぶかた》に加点させたものは、大した本ではありませんが、これも櫃の中にしまわせてあるので、探させてお送りします。それから（手習の）手本のことは、伏見院（の書風）を学ばれるのがよいでしょう。先帝（後柏原天皇）は天賦の才に恵まれて自在に筆を揮われたので、中途半端に学ぶと駄目になってしまいますので、これについても別の手本をお送りします。かしこ。

方仁親王は、母方の伯父万里小路秀房《までのこうじひでふさ》▲（生母栄子《えいし》の兄）の邸宅を御所としており、禁裏におもむくことも頻りであったが、手紙によって父後奈良天皇から訓育を得ることも多かった。この時、方仁は『孟子』を学んでおり、禁裏にあった『孟子』（一帖とあるので、巻子ではなく、冊子形態の本）を借り出して、そこに加えられた訓《よ》み方を示す符号（点と呼ぶ）を手許の本に転写していたらしい。後奈良は、一度に『孟子』全部を送ることはせず、一帖ずつ貸し出したが、それはみずからが参照する場合を考慮してのことで、手許には注釈の入った本もあるのだが、それでは文字が小さく自分の眼には厳しいと言い訳をする。さらに、儒者の清原宣賢に訓み方を記させた『詩経《しきょう》』（毛詩はその異称）も後日に送付する旨を約束している。天皇が学ぶべき学問としては、平安《へいあん》時代以来の伝統どおり、依然経書《けいしょ》が第一であったことがうかがえる。

▼『宸翰英華』　紀元二千六百年奉祝会より委嘱をうけた帝国学士院《ていこくがくしいん》が一九四一（昭和十六）年から四年をかけて編纂。一九二六（昭和元）年以降、高松宮宣仁《たかまつのぶひと》親王の資金提供により、岩橋小弥太《いわはしこやた》・相田二郎《あいだにろう》らが各所で実施した調査がその前提になった。

▼万里小路秀房　一四九二～一五六三。賢房《かたふさ》の子。内大臣。妹の栄子が産んだ正親町天皇を養育し、同家は近臣随一の家になった。

▼伏見天皇　一二六五〜一三一七。在位一二八七〜九八。後深草《ごふかくさ》天皇の子。書に秀で、同時代から藤原行成《ゆきなり》以上との世評があったという（『増鏡《ますかがみ》』）。

また、手習の手本について、方仁の祖父にあたる後柏原天皇の筆蹟ではなく、伏見天皇▲の筆蹟を用いるように説いている。後年、正親町つまり方仁本人が孫の後陽成《ごようぜい》天皇に書き与えた覚書（『東山御文庫所蔵史料』勅封一〇一函一―七―五―二）のなかに、「御手み《見》まいらせ候えば、うつつなき御て《手》ぶり《風》にて候。ただ勅筆《ちょくひつ》よう《様》をあそ《遊》ばされ候べく候。陽光院《ようこういん》へまいらせ候から《唐》のよりかか《倚懸》りに、後柏原院みなみなのあそばされ候御てほん《手本》ども御入候。よくよくそれをなら《習》わせられ候べく候（御筆蹟を拝見したところ、よくないお書きぶりです。勅筆様だけを学んで下さい。陽光院〈後陽成の父。践祚せずに没す〉にお送りした唐の倚懸《きょうそく》〈脇息〉のなかに後柏原院以下のみんなが書いたお手本が入っています。ちゃんとそれを学んで下さい）」と見え、後柏原天皇以降の書風を勅筆様と称しているが、その基本になったのは伏見天皇の書風である。経書とともに、手習は学習の基本であった。

さらに、歌題を送って和歌を詠んで送り返すように求めているが、天皇が身につける学芸としては和歌も欠かせない。後奈良と方仁とのあいだの和歌に関するやりとりを示すものとして、つぎのような一紙もある（大東急記念文庫所蔵『集古筆翰』一。六九頁上図参照）。

「弘治《こうじ》（後筆）二正十九日、御会始《ごかいはじめ》歌草《かそう》に点《てん》。」　方仁

家々翫春

〳あひにあふ千さとの春のことぶきを先しりがほの鶯の声（後奈良天皇筆、以下同ジ）『や』『には』
もろ人のいく春ぞふることぶきを君か齢《よわい》のかずにとらなむ
いくかへり年のをながく諸人《もろびと》のあひあふ千世の春をむかへつ

『きょうは八幡社《はちまんしゃ》をよくよく拝《おがま》せられ候《そうろう》べく候。やく神ながら卯の日にて候。かいし（懐紙）のかみ（紙）唯今《ただいま》やく神の看経《かんきん》に取乱し候間、こなたよりまいらせ候べく候。』

今日の歌を見参《げんざん》に入れ候。しかるべきようになおされ（直）てくだ（下）され候べく候。

一五五六（弘治二）年正月十九日、禁裏での和歌会始《わかかいはじめ》の当日、方仁が後奈良に添削を求めた詠草《えいそう》（歌稿）である。方仁は「家々に春を翫《もてあそ》ぶ」という題で三首を詠み、これを見た後奈良が、右端の一首を佳作として選んで、しるしとして右肩に合点《がってん》と呼ばれる墨線を記し、そのうえで「千郷の春の」を「宿には春の」に直している。方仁はこれを懐紙《かいし》▲に清書して提出することになる。

後奈良はあわせて余白に、正月十九日は疫神詣《やくじんもうで》の日にあたるが、今日は同時

▼**懐紙**　歌会の際に詠歌を書く料紙。上質な大判の紙を用い、一紙に一〜三首を書くことが多い。

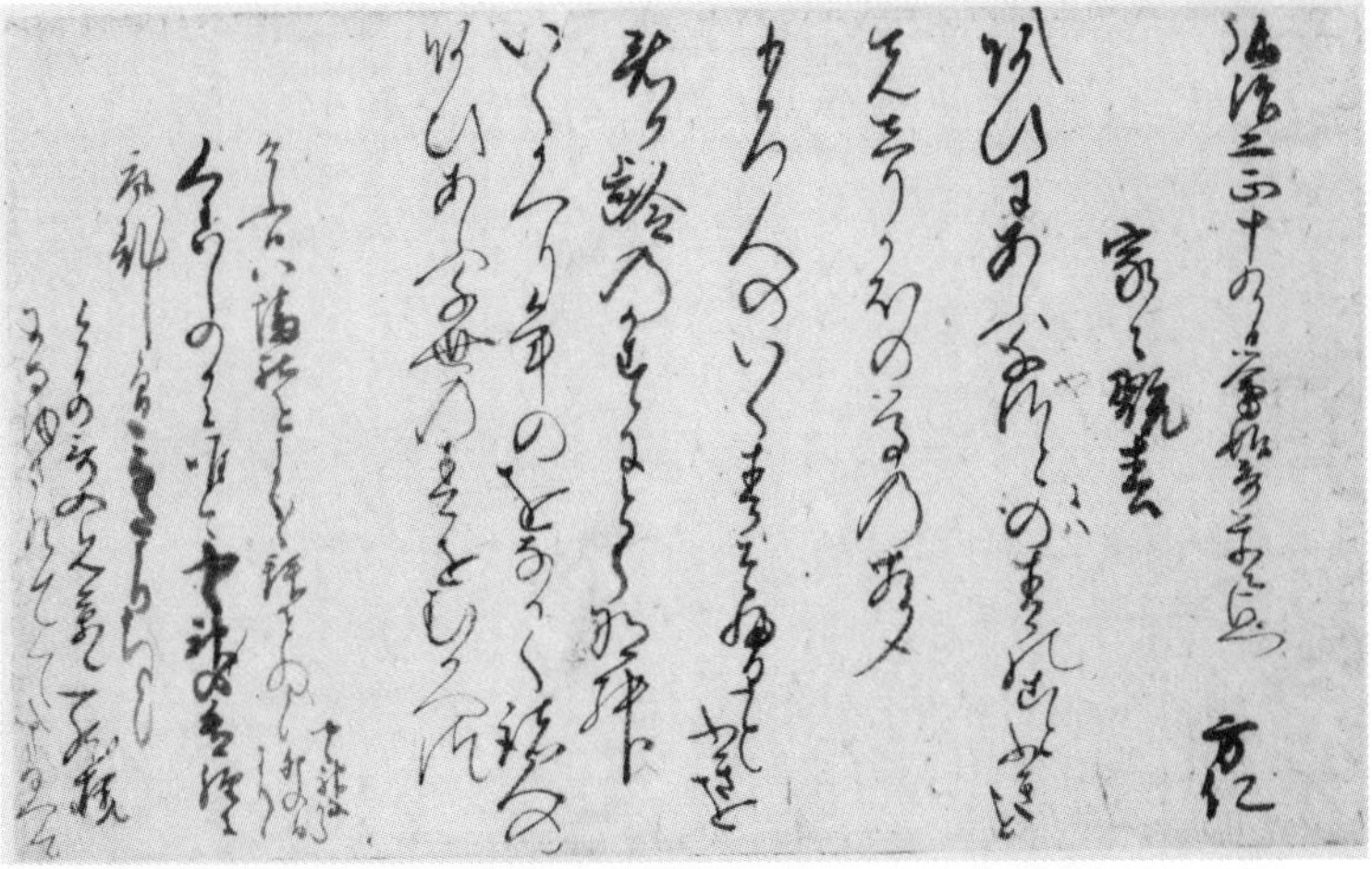

●——後奈良天皇が添削を加えた方仁親王(正親町天皇)の和歌詠草

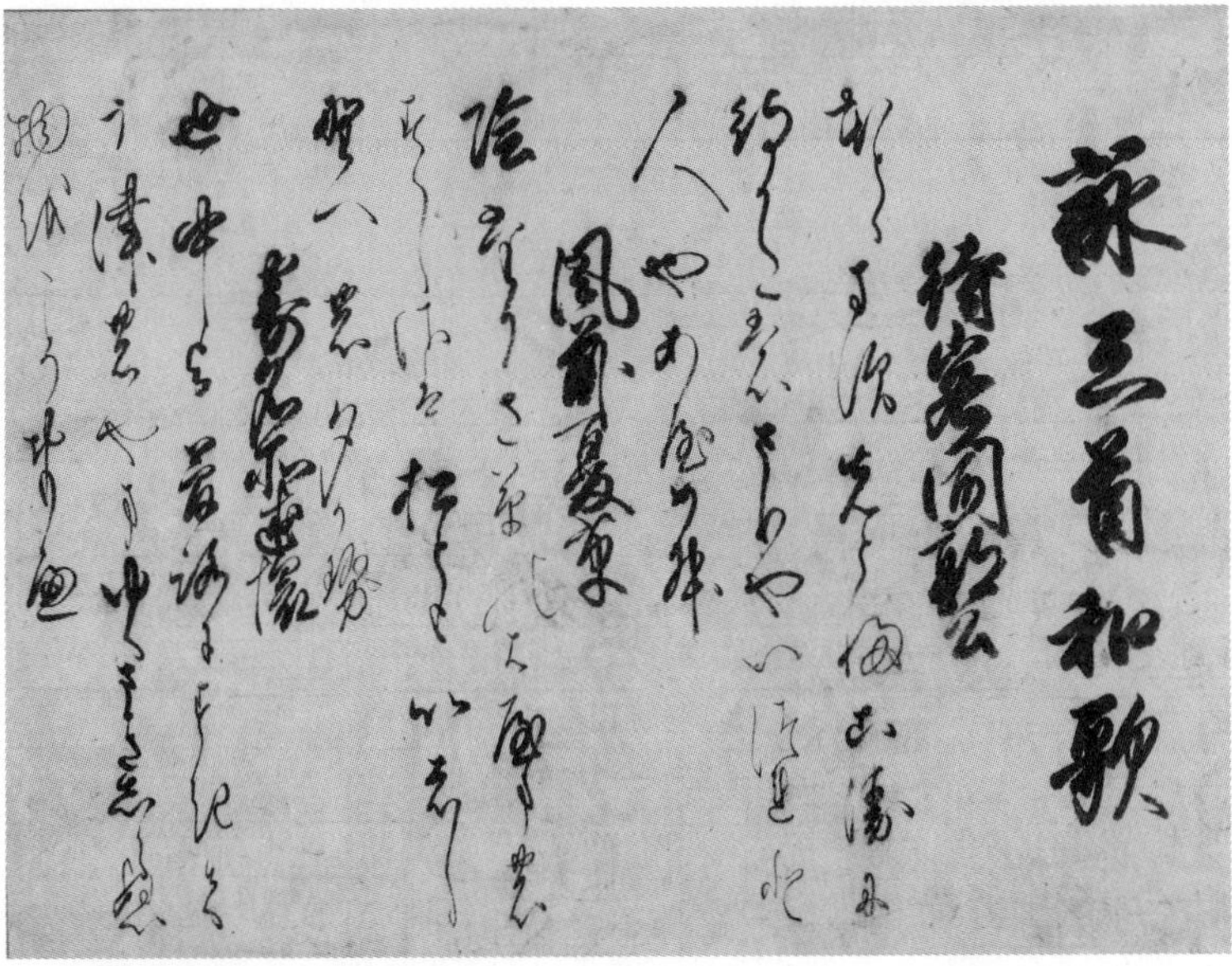

●——後柏原天皇三首和歌懐紙(『藤井永観文庫所蔵史料』) 1512(永正９)年のものと見られる。

に卯《う》の日でもあるので、八幡社を拝むことを忘れないようにと書き付け、注意を喚起している。疫神詣とは、その年の厄を払うため疫病神《やくびょうがみ》を拝むことをいうが、これに気をとられて、八幡神の縁日《えんにち》▲である卯の日だということを失念せず、八幡社をよく遥拝《ようはい》するようにという、懇切な導きである。

後奈良自身もちょうど疫神払のため読経《どきょう》しており、手が離せないので、詠草を持参した使者に清書用の懐紙を渡すことができず、あとであらためて使者に持たせると述べる▲。先に触れた正親町が後陽成に与えた覚書に「越前《えちぜん》にながはし（長橋）しておおせ（仰）られ候て、打曇《うちぐもり》▲百まい（枚）御すかせ（漉）候ておかれ（置）候て、御月次《おんつきなみ》のにせられ候べく候。まえ（前）もさようしておきて（置）出し候つる御事にて候（越前に長橋局を通じてご命令になって、打曇一〇〇枚を漉かせてお置きになり、月例の和歌会に用いて下さい。以前もそのようにしておいて出しました）」とあり、禁裏の月次和歌会の短冊の料紙は特注で漉かせていたようだ。懐紙も同じようにして配布したのであろう。この時、父後奈良は六一歳、子方仁は四〇歳。後奈良は和歌の指導を行いながら、日々の祭祀についても教導を加えていたわけである。

▼**縁日**　神仏の示現《じげん》などの由緒にもとづき、その日に参詣や遥拝によって神仏と縁を結ぶと、格別の功徳があるとされる日。八幡神の場合、最初に宇佐《うさ》の地に姿を現したのが卯の日であることによる。

▼**あらためて使者を立てる**　手紙は使者が持参するので、そのまま使者が待って返事を受け取ることが多かった。

▼**打曇**　内曇とも。藍や紫で染めた紙を上下に雲形に漉き込んだ装飾料紙。上に藍色、下に紫色を配したものが多い。

所領を立て直す

大規模な儀式の費用は幕府の拠出を待たなければならないが、天皇の日常生活を含む禁裏の活動を支える経済的な基盤としては、御料所《ごりょうしょ》と称される所領群が存在した。ただし、これらの所領のありようも幕府と無関係ではありえなかった。一四六四(寛正《かんしょう》五)年七月、後花園《ごはなぞの》天皇から後土御門天皇への譲位にあたり、後花園が足利義政《よしまさ》に意を伝えるため日野勝光《ひのかつみつ》▲に宛てた女房奉書《にょうぼうほうしょ》の案文《あんもん》(控え)が残っている(『東山御文庫所蔵史料』勅封七〇函二一─一─一。上図参照)。

今回の譲位にあたって(お願いになりますが)、御料所については、内裏《だいり》と仙洞《せんとう》とがそれぞれ別々に以前も保持しておりました。そこで、旧院《きゅういん》(後小松《ごこまつ》上皇)の御代つまり永享《えいきょう》五(一四三三)年まで(仙洞で)管領していた所領を書いて送ります。これらの場所でも、あるいは今回新たに設定する御料所でも、適切に措置していただければ幸甚です。そうしていただきませんと、御所がふたつで経費が増大しますので、すぐに立ちゆかないことになりましょう。近年の御料所では、昔とは異なり、代官がなにかと滞納をしますので、万事困惑しています。ともかく当方が立ちゆくように措置していた

▼**日野勝光**　一四二九〜七六。重政《しげまさ》(政光《まさみつ》)の子。妹富子が義政室となり、公武で重んじられた。同家で初めて左大臣に昇る。

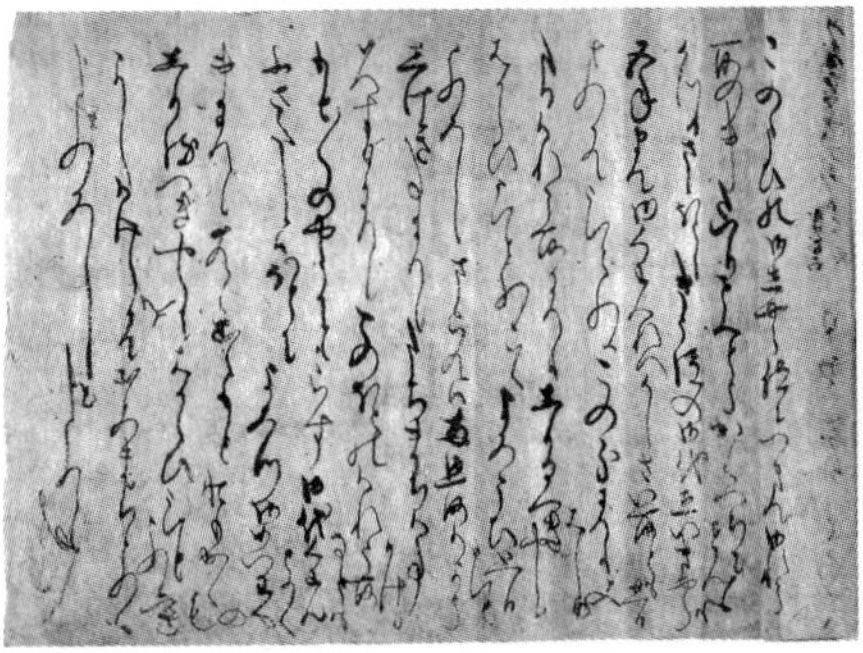

●後花園天皇女房奉書案

だきますよう、ご理解のうえ、室町殿(足利義政)にお伝え下さいとのことです。かしこ。

もともと禁裏の御料所とは別に仙洞の御料所が存在していたが、後小松上皇の死で上皇が不在になった際、室町殿足利義教《よしのり》▲の主導のもと仙洞の御料所は解体され、多くは禁裏の御料所に移行した。それから三〇年、譲位によってふたたび上皇が出現するにあたり、新たに仙洞の御料所を設定する必要にせまられたが、これを措置するのは義政以外にありえなかった。禁裏・仙洞を問わず、御料所の新立改廃は全面的に幕府に依存していたのである。幕府の関与がきわめて深いだけに、応仁《おうにん》・文明《ぶんめい》の乱に始まる幕府の衰退は禁裏の御料所にも大きな影響を与えることになる。

京都の北西、大堰川《おおいがわ》(桂《かつら》川の上流)上流域に広がる丹波《たんば》国山国荘《やまぐにのしょう》(京都市右京区。旧北桑田《きたくわだ》郡京北《けいほく》町)は、良質な木材を産し、中世前期から禁裏の修築を任務とする修理職《しゅりしき》という官司の所領とされていた。一四二四(応永《おうえい》三十一)年、修理職の職務を世襲していた橘知季《たちばなのともすえ》▲が死去すると、後小松上皇は、室町殿足利義持《よしもち》の承認を得たうえで、同荘を仙洞が直接に支配するようにあらためた。側近の四《よつ》

▼**足利義教**　一三九四〜一四四一。第六代将軍。在職一四二九〜四一。義満《よしみつ》の子。青蓮院に入って義円《ぎえん》といい、天台座主《てんだいざす》。兄義持の没後、還俗して将軍。恐怖政治を行い、赤松満祐《みつすけ》に謀殺された。

▼**橘知季**　?〜一四二四。以繁《ゆきしげ》の子。同家は木工頭《もくのかみ》を世襲し、修理職の職務を代行していた。子知《とも》興《おき》が女官との密通によって逐電した半年ほどのちに没した。

辻季保《つじすえやす》を山国奉行《ぶぎょう》の職に任じて同荘の管理をまかせ、その収益によって修理職の職務を担わせたのである。

後小松の死後、足利義教は同荘を禁裏の所領としたが、奉行の任免権は幕府の手中に移った。義教は、広橋兼郷《ひろはしかねさと》ついで烏丸資任《からすまろすけとう》▲という幕府に近しい廷臣を奉行に任じている。そして応仁・文明の乱後の一四八〇（文明十二）年、この奉行の任免をめぐって後土御門と義政とのあいだに対立が生ずる。

山国奉行の烏丸資任は、足利家の後宮《こうきゅう》に勢威を振るった日野《ひの》家（裏松家《うらまつけ》▲）の庶流で、幼時の義政の養育にあたり、義教・義政の両代に重用された人物である。応仁・文明の乱は、廷臣各家にも大きな打撃を与えた。戦乱で邸第を失った者も多いうえ、乱中・乱後、武士各層が荘園への侵攻を進めたことで、家領からの収入が激減したからである。烏丸家も例外ではない。京都近郊に位置する山国荘は、支配が安定して確実に収益が見込める数少ない所領のひとつになっていた。つまり、家領の減少という趨勢のなか、烏丸家の家政における山国荘の比重が高まり、資任は、山国荘からの収益を得ながら、修理職としての職務を果たさないという状況に立ち至ったのである。

▼**烏丸資任**　一四一七〜八三。豊光《とよみつ》の子。義政初政期の政務を左右した近臣「三魔《さんま》」のひとりとして知られる。同家で初めて権《ごんの》大納言・従一位・准《じゅん》大臣を経歴。

▼**裏松家**　一四四三（嘉吉《かきつ》三）年日野有光《ありみつ》が後南朝《ごなんちょう》と結んで剣璽《けんじ》を奪い、幕府軍に討伐されたことで、日野本宗家は断絶。勝光以降、庶家の裏松家が日野家を称した。

●──足利義教御判御教書（『日野烏丸家文書』）

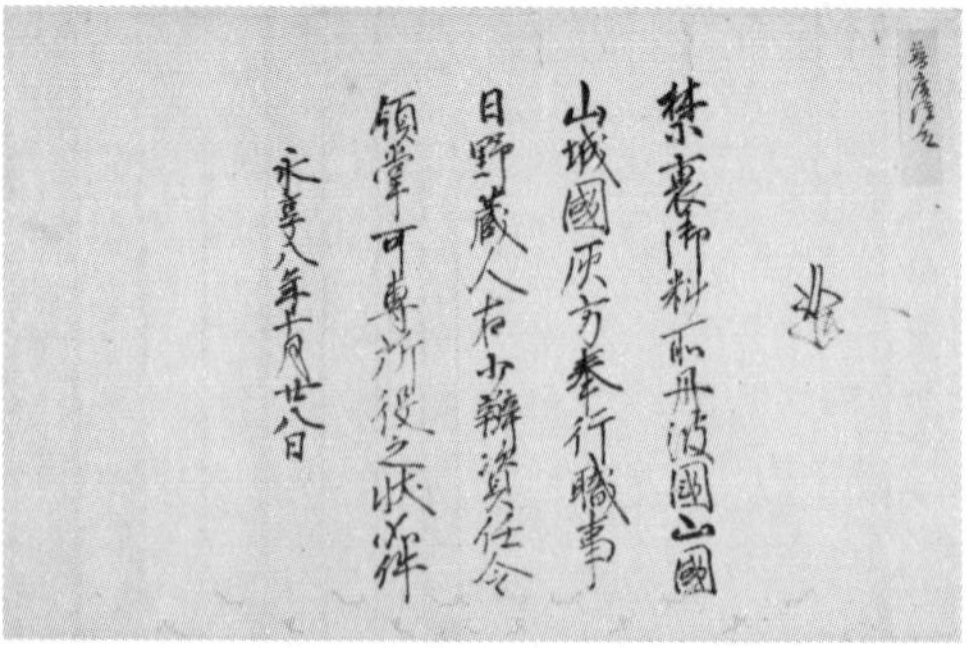
禁裏御料所丹波國山國
山城國[illegible]方奉行職事
日野蔵人右少辨資任令
領掌可専所役之状如件
永享八年十月廿八日

▼『香川家文書』　宮内官僚香川敬三《けいぞう》（一八三九〜一九一五）の家に伝わる文書。一八八一（明治十四）年に断絶した桂宮家の旧蔵文書を多く含む。

後土御門は、資任の職務怠慢に憤激し、山国奉行の職を別人にかえることを望み、義政の承諾を求める手紙を日野富子《とみこ》に送った。資任が山国荘を自家の所領のように扱い、内侍所の修理を拒絶していることを非難し、資任の代官職を解任して、後小松の時代のように天皇が奉行を選定したいので、承認してほしいと訴える。さらに、資任は自分に非はないと主張するであろうが、その場合は資任の言い分を詳しく教えてほしいと依頼した（『香川家文書』▲）。

義政は資任の言い分を後土御門に伝えたようだ。後土御門が再度富子に送った手紙によると、資任は自分が山国奉行である正当性を義教からもらった御《ご》判御教書《はんのみぎょうしょ》▲という文書に求めていた。さらに資任は、後花園天皇の時期に山国荘からの経費によらずに禁裏の修理がなされた事例に言及し、山国荘の知行《ちぎょう》は必ずしも修理職の職務をともなうわけではないとも主張した。これに対して後土御門は、資任が命じられていながら応じなかっただけで、応仁・文明の乱前は他の御料所からの収納が十分にあったため、ことを荒立てずにすませたに過ぎないと反論している（国立歴史民俗博物館所蔵『後土御門天皇消息』▲）。

禁裏の御料所の奉行をつとめるのが廷臣であっても、任免権を行使するのが幕府であれば、任命をうけた者は、これを朝廷からの恩給（朝恩《ちょうおん》）ではなく幕府からの恩給（武恩《ぶおん》）だと認識し、天皇の意思を尊重しないという事態の生ずる場合があった。このような事態が生じても、応仁・文明の乱以前は、禁裏の財政状況に余裕があったので、天皇は幕府との対立回避を重視して黙許した。ところが、禁裏の財政状況が厳しくなり、他の収益による補塡が困難になると、幕府に善処を求めざるを得なくなる。ここで任免される者はいずれも廷臣であるから、武家執奏による官位の任叙の場合と同様、個々の廷臣の利益と朝廷の秩序との相剋が問題化したといえる。義政および富子は資任を擁護し、後土御門からの解任要求を拒絶した。すると後土御門は伝奏に宛てた女房奉書を出し、義政が資任の一方的な主張を容れたことで面目を失った、と不満を伝えさせている（『香川家文書』）。後土御門が隠遁するために伏見に居所を設けさせているという噂《うわさ》まであった（『大乗院寺社雑事記《だいじょういんじしゃぞうじき》』文明十二年五月十八日条）。

　後土御門は、これ以前一四七八（文明十）年にも幕府に憤懣を抱き、叶わぬ譲位を望んだ。その時は、異母妹（生母は日野家秀《いえひで》の娘数子《かずこ》）の真乗寺宮《しんじょうじのみや》▲が景愛寺《けいあいじ》▲の住持になる儀式の費用について、富子からの援助要請を後土御門が御料所

▼**御判御教書**　室町殿が自身の花押《かおう》または署判を加える直状《じきじょう》形式の文書。年月日を記す。同じく室町殿自身の花押または署判・署名を載せる御内書《ごないしょ》は、書状形式で年付がない。

▼**『後土御門天皇消息』**　本来は北白川《きたしらかわ》宮所蔵の手鑑に収められていた。

▼**真乗寺宮**　一四四八〜八二。後花園天皇の二女。

▼**景愛寺**　十三世紀後期、無外《むがい》如大《にょだい》（安達泰盛《あだちやすもり》の娘）が無学祖元《むがくそげん》の門に入って創建したという。尼寺の筆頭とされ、子院《しいん》や他の比丘尼御所の尼僧が、室町殿の決定により交替で住持となる。入寺の儀式には多大な費用を要した。

からの年貢《ねんぐ》の減少を理由に拒絶したことに端を発していた。禁裏の財政状況の悪化は、幕府とのあいだに対立を惹起する火種になった。けれども、そこで天皇が実際に取り得る手段は、怒りを籠めた手紙を送ることでしかない。

のちに一四八三(文明十五)年四月、後土御門がふたたび山国奉行の交替を申し入れると、義政はこれを承認した。この変化は前年十二月に烏丸資任が没し、百箇日もすんだことと無関係ではない。義政は、幼時に養育にあたってくれた資任から所職を取り上げたくなかったのである。この時から禁裏の直轄領になった山国荘は、天皇が側近公卿《くぎょう》二名を奉行に任命しての支配がなされ、経済的に重要な基盤のひとつとして戦国時代の天皇の生活を支えていく。

ただし、山国荘の事例によって、朝廷が幕府から御料所の奉行の任免権を回収すれば実効があがるという結論を導くのは短絡的である。なぜなら、現地の武士による押領など問題が生じた際、強制力を持たない朝廷は幕府に協力を求めるよりほかなく、山国荘は、京都近郊という恵まれた条件を備えていたに過ぎないともいえるからである。やはり、朝廷にとって幕府による庇護は必須であった。

④—天皇をめぐる人びと

子女たちのありよう

戦国時代が朝廷にとって縮小の時代であったことは論を俟たないが、これは戦国時代にいたって突如あらわれた状況ではない。すでに南北朝《なんぼくちょう》時代に朝廷は急速な縮小を経験していた。この縮小は、室町幕府《むろまちばくふ》の助成によっていったん食い止められたが、応仁《おうにん》・文明《ぶんめい》の乱による幕府の衰えは、朝廷をかつてない状況におとしいれることになる。大嘗会《だいじょうえ》や勅撰《ちょくせん》和歌集が応仁・文明の乱によって途絶えたことを先にみたが、南北朝の内乱でいち早く断たれたものとしては、皇后や皇太子といった制度があげられる。

中世における皇太子の存在は、一三四八(貞和《じょうわ》四)年に崇光《すこう》天皇の皇太弟《こうたいてい》となった直仁《なおひと》親王▲が最後であった。直仁は、一三五二(正平《しょうへい》七)年に南朝がいったん京都を制圧した際にその地位を廃され、以後皇太子が立てられることはなくなる。そして、一六八三(天和《てんな》三)年に霊元《れいげん》天皇のもとで朝仁《あさひと》親王(のち東山《ひがしやま》天皇)の立太子が行われるまで、およそ三三〇年のあいだ不在が続いた。

▼**直仁親王**　一三三五〜九八。花園天皇の子。母は宣光門院《せんこうもんいん》。光厳天皇は子の崇光天皇に宛てた自筆の置文《おきぶみ》に、直仁は実は花園の子ではなく、自分と宣光門院とのあいだの子だと記している。

皇后についても、後醍醐《ごだいご》天皇が京都に帰還した一三三三(元弘《げんこう》三)年に中宮《ちゅうぐう》に立てられた珣子《じゅんし》内親王(後伏見《ごふしみ》天皇の娘)が最後になる。一三三七(延元《えんげん》二)年に珣子が女院《にょういん》▲の号を宣下《せんげ》されて新室町院《しんむろまちいん》になると、以後、一六二四(寛永《かんえい》元)年、後《ご》水《みずの》尾《お》天皇の後宮《こうきゅう》に入った徳川和子《とくがわまさこ》(のち東福門院《とうふくもんいん》)が中宮に立てられるまで、二九〇年近くも絶えてしまった。

これらの不在も、東宮職《とうぐうしき》・中宮職などの組織を整備し、皇太子・皇后の地位にふさわしい待遇を行うことが困難だという、経済的な理由によるものであった。それでは、南北朝期以降の天皇の子女や、配偶者はどのような存在形態をとっていたのであろうか。

子女については、いささか乱暴にまとめるならば、天皇の地位を継ぐ嫡男以外はみな僧尼になったということができる。ただし、天皇の男子の多くが僧侶になるのは、平安《へいあん》時代後期に法親王《ほっしんのう》▲の制度がととのえられ、各宗派の門跡《もんぜき》寺院がその受け皿になって以来のことであり、戦国時代においてもそれ以前と大きく変わったわけではない。

後土御門《ごつちみかど》から正親町《おおぎまち》までの四人の天皇のうち、後土御門には弟がなく、後《ご》

▼**女院**　「にょいん」とも。天皇の母や皇后・皇女などで院号を宣下された者。室町時代には、北山《きたやま》院《いん》(後小松の准母)を例外として、天皇の生母のみが対象になった。

▼**法親王**　狭義には出家後に親王宣下をうけた者。宣下をうけてから得度する入道《にゅうどう》親王でも、門跡にある者は得度を前提に宣下されており、法親王と実態上の区別がないので、僧籍にある入道親王を含めて法親王と呼ぶことが多い。

▼**貞成親王**　一三七二〜一四五六。栄仁《よしひと》親王の子。兄治仁《はるひと》の没後、宮家を継承。子の彦仁《ひこひと》(後花園天皇)が後小松上皇の子として践祚したため、一四四七(文安《ぶんあん》四)年太上天皇を宣下されるが翌年辞退。『看聞《かんもん》日記』を残す。

▼**貞常親王**　一四二五〜七四。貞成親王の二男。後花園天皇の同母弟。一四四五(文安二)年親王宣下をうけ、翌年以降、貞成から家領および記録・文書類を譲られた。

柏原《かしわばら》から正親町までの三人の天皇の弟は、幼時に死亡したか、幼時から僧侶になることを定められ、門跡寺院に入室していた。つまり、皇位を継ぐ男子ひとりしか俗界に残らないという状況であった。そのなかで、後花園《ごはなぞの》天皇がみずからの実父貞成《さだふさ》親王▲から実弟貞常《さだつね》親王▲への継承を認めたことで、伏見宮《ふしみのみや》は、世襲親王家として確乎たる地歩を築くことになった。天皇の嫡長子以外に在俗する皇族男子は伏見宮だけといってよく、同家は、天皇家の血統のスペアとして戦国時代の朝廷において重要な位置を占めていたとみることができよう。

女子にあっては、南北朝時代初期まで、天皇の配偶として皇后になったり、未婚のまま女院の号を宣下されることもあった。しかし、一三九三(明徳《めいとく》四)年に後円融《ごえんゆう》天皇の娘珪子《けいし》が内親王を宣下されたのを最後に、一六〇一(慶長《けいちょう》六)年に後陽成《ごようぜい》天皇の娘清子《せいし》が内親王になるまで、二〇〇年あまりのあいだ、みな尼僧《にそう》になり、在俗の皇女というありようは絶えてしまう。

中世最後の内親王になった珪子は、父後円融が没した際に中陰仏事《ちゅういんぶつじ》の喪主になるために内親王を宣下され、黒衣《こくえ》を着して念仏を唱えて父の菩提を弔った。珪子の叔母にあたる治子《はるこ》内親王も、父後光厳《ごこうごん》天皇の中陰仏事で喪主をつとめて

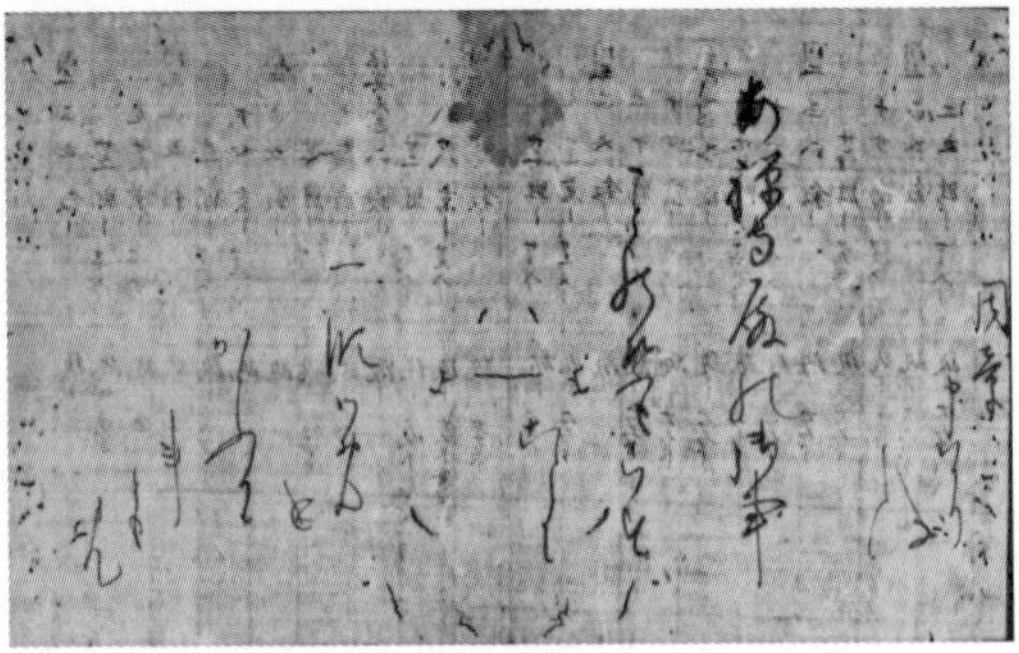

●——三条西実隆が恵春の死を弔うために後土御門天皇に送ろうとした手紙の書き損じ（『除目叙位執筆抄』紙背文書）

▼芳苑恵春　一四三四〜九〇。後花園天皇の長女。母は嘉楽門院《からくもんいん》（大炊御門信子《のぶこ》、実父は藤原孝長《たかなが》）。

いる（『師守記《もろもりき》』応安《おうあん》七〈一三七四〉年三月十八日条）。治子の居所の柳原殿《やなぎはらどの》（柳殿《やなぎどの》）もそのまま珪子がうけついでおり、天皇の娘には、父の死後にその冥福を祈る役割が期待されたことがわかる。中陰仏事の喪主は、治子がつとめる以前は中宮であったともいい（『後成恩寺関白諒闇記《のちのじょうおんじかんぱくりょうあんき》』）、天皇の娘に内親王を宣下して喪主に据えることは、皇后の途絶と無関係ではなさそうだ。そして、内親王も途絶すると、この役割は尼僧になった天皇の娘によって担われる。

南北朝時代以降、最上級の貴顕《きけん》である天皇・将軍・摂関《せっかん》などの娘が尼僧になることが普通になり、彼女らが入る寺院は比丘尼御所《びくにごしょ》と呼ばれた。そのような寺院のひとつに安禅寺《あんぜんじ》がある。創建について確かなことはわからないが、一三七二（応安五）年に文林《ぶんりん》という尼が住持として見えており、それ以前から尼寺として存在していた（『徳富猪一郎《とくとみいいちろう》氏所蔵文書』応安五年六月二十九日法印定熙契状《ほういんじょうきけいじょう》）。その後、足利義満《あしかがよしみつ》の姪（足利満詮《みつあきら》の娘）宗峰《そうほう》が住持になったが、一四四一（嘉吉《かきつ》元）年に後花園天皇の娘芳苑恵春《ほうえんえしゅん》▲が同寺に入室するのと前後し、室町殿足利義教《よしのり》の勘気に触れて寺を出たようだ。宗峰は、義教が殺害されたのちも同寺に戻らず、近傍に浄源院《じょうげんいん》という寺庵を構えて長寿を保ち、一四八八（長享《ちょうきょう》二）年に八三歳で没した。

　恵春は入室時に八歳で、後土御門天皇より八歳年長の同母姉であった。これ以後、後土御門の娘寿岳恵仙《じゅがくえせん》▲(二二歳で死去)、後土御門の猶子になった伏見宮邦高《くにたか》親王の娘(八歳で死去)、後土御門の娘月岑智円《げっしんちえん》▲(二八歳で死去)、後奈良《ごなら》天皇の娘(二五歳で死去)など、天皇の娘の入室が続く。恵春の入室は、足利義教の室正親町三条尹子《おおぎまちさんじょうただこ》▲の仲介によるもので、そこには義教の意向があった。安禅寺は、恵春の入室以前は足利家と密接な関係を有する尼寺であったが、以降は、天皇家の尼寺というべきものになった。

　恵春は、一四九〇(延徳《えんとく》二)年に五七歳で没する。後土御門の近臣《きんしん》であった三《さん》条西実隆《じょうにしさねたか》は、一四七〇(文明二)年、一六歳のとき後土御門の逆鱗《げきりん》に触れることがあり、心配した後花園法皇《ほうおう》の意をうけた恵春のとりなしで勘気を解かれたという。これを深く恩義に感じていた実隆は、恵春の訃報に接した時、まだ十分に恩義に報いることができていないと嘆いた。いささか怒りっぽいところのある弟(後土御門)をなだめる、面倒見のよい女性だったのだろう。

　また一四七〇年に父後花園が没したのち、恵春の居所であった安禅寺(ある

▼寿岳恵仙　一四七六～九七。後土御門天皇の三女。母は花山院兼子《かねこ》。生後三カ月で安禅寺に入室。

▼月岑智円　一四八六～一五一三。後土御門天皇の五女。母は勧修寺房子。一五〇〇(明応九)年安禅寺に入室して得度。一五〇五(永正二)年大慈光院《だいじこういん》(岡殿)に移る。

▼正親町三条尹子　一四一二～四九。公雅《きんまさ》の娘。一四三一(永享三)年、義教は最初の御台《みだい》裏松宗子《そうし》(裏松義資《よしすけ》の娘)を離別し、上臈局と称されていた尹子を御台とし、上様《うえさま》と呼ばせた。義教の死後出家し、大御所《おおごしょ》・瑞春院《ずいしゅんいん》と称された。

いは一時期仮住まいしていた聖寿寺《しょうじゅじ》）は常にその法要の場となり、恵春の後半生は父の菩提を弔うことに費やされたと述べても過言ではない。そして、病床で最期を迎えつつあった恵春に対し、後土御門が何か思い残すことはないのか尋ねた際、彼女が望んだのは、師と仰いでいた大徳寺養徳院《だいとくじようとくいん》の春浦宗熙《しゅんぽそうき》▲に禅師号《ぜんじごう》▲を与えることであった。叶うならば自分が生きているあいだに、という恵春の言葉に動かされた後土御門は、それまでは許さなかったが、春浦に正続大宗《しょうぞくだいしゅう》禅師という称号を与えている。恵春は仏道に帰依し、父の冥福を祈りつつ、弟と良好な関係を保った。皇位を継承しない天皇の子女に対する期待をよく体現した人生であったといえよう。

女官と天皇の配偶

応仁・文明の乱が終わりに近づいた一四七七（文明九）年の正月以降、禁裏《きんり》の女官《にょかん》たちが女房詞《にょうぼうことば》▲と呼ばれる独特なことばを用いて主に仮名《かな》で書きつらねた『御湯殿上日記《おゆどののうえのにっき》』という業務日誌が残されている。欠けている時期もあるが、江戸時代末期にまでおよび、天皇を中心とする禁裏の日常生活を伝えてくれる。

▼春浦宗熙　一四〇九〜九六。播磨《はりま》の出身。養叟宗頤《ようそうそうい》の法嗣。大徳寺四十世。応仁・文明の乱後、大徳寺の復興に尽力した。

▼禅師号　天皇が禅宗の高僧に与えた称号。没後に与える諡号《しごう》と生前に与える特賜がある。前者は一二七八（弘安元《こうあん》）年蘭渓道隆《らんけいどうりゅう》に大覚《だいかく》禅師の号を与えたのが、後者は一四五七（長禄元）年養叟宗頤に宗恵大照《しゅうえだいしょう》禅師の号を与えたのが初例。

▼女房詞　「御まな」（魚）、「すもじ」（鮓）、「あか事」（火事）などの類。

▼女孺　令制では定員一〇〇名だが、室町時代には数名。十六世紀前期、清水寺《きよみずでら》執行《しぎょう》宗澄《そうちょう》の娘が女孺であったことが知られる。

これを記した女官とは、主に典侍《ないしのすけ》・掌侍《ないしのじょう》（内侍《ないし》）の職にあった者たちである。
令制《りょうせい》において、天皇のすぐ側に仕え、下からの申請や天皇の命令を取り次ぎ、禁中での祭祀にも関与した内侍司《ないしし》は、女官だけで構成される官司で、定員二名の尚侍《ないしのかみ》（長官）、同四名の典侍（次官）、同四名の掌侍（判官）のもと、諸国・諸氏から貢進《こうしん》された多数の女孺《にょじゅ》▲が属した。尚侍は、摂関家の娘から選ばれたが、鎌倉時代中期には任官のことがなくなった。したがって、室町時代に天皇に近侍していたのは、典侍および掌侍の任にあった者である。

ほかに清華家《せいがけ》▲の娘がその地位を占める上臈《じょうろう》と呼ばれる女官がいたが、これは内侍司の職員ではない。禁裏に限らず各家において最上級の女房が上臈と称されているので、典侍や掌侍とは異なり、禁裏に特有の存在でもない。天皇は、律令《りつりょう》制の頂点に立つ官制上の存在というにとどまらず、貴族社会における最上級の貴顕としての側面を有していたが、上臈は後者のありように対応した存在だといえる。禁裏の女官の構成も、時代に応じた変化を遂げていた。

上臈・典侍・掌侍のいずれにおいても、そのなかには、単に女官としての業務にあたるだけでなく、天皇の配偶としての役割を併せもつ者があった。単な

▼**清華家**　摂関家につぐ家格。いわゆる七清華（転法輪三条・西《さい》園寺《おんじ》・今出川《いまでがわ》・徳大寺・花山院・大炊御門・久我《こが》）と、応仁・文明の乱後に断絶した洞院家が該当。

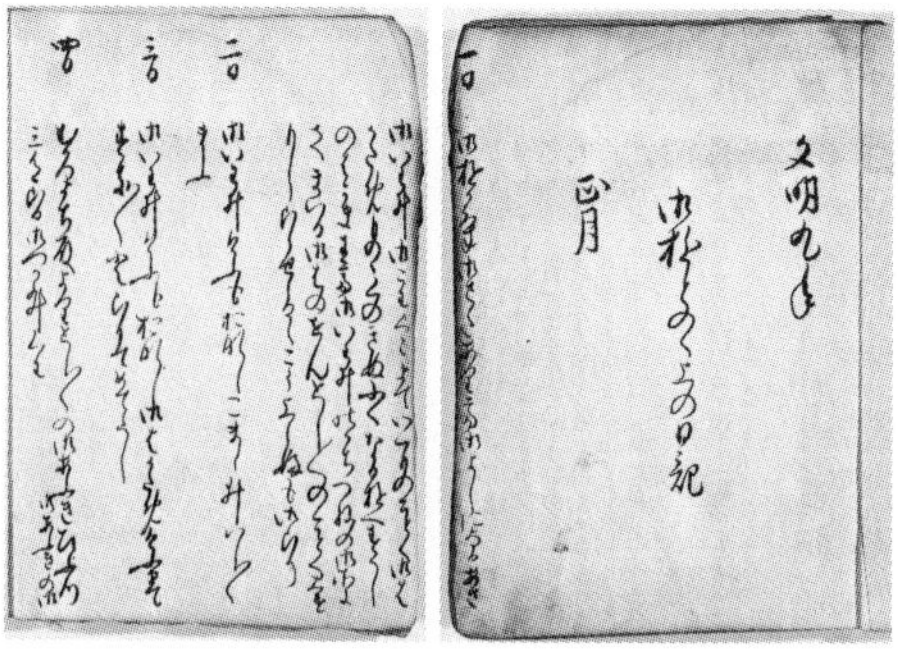

●—**『御湯殿上日記』**（高松宮本）　現存する最初の部分。江戸時代の写本によって伝わる。

る女官と配偶の役割も果たす者との相違が明瞭に可視化されるのは、天皇が死亡した時である。天皇の寵愛を得ていた者は、これを機に出家を遂げ、そうでない者の多くは、引き続きつぎの天皇にも仕えた。

先に上臈は清華家の娘がつとめると記したが、その家格にある家すべてから選ばれるわけではない。室町・戦国時代を通じて、洞院《とういん》家・転法輪三条《てんぽうりんさんじょう》家・大炊御門《おおいみかど》家・花山院《かざんいん》家の事例がある。特に転法輪三条家からは後小松《ごこまつ》天皇の生母である厳子《げんし》（通陽門院《つうようもんいん》）以降、歴代の天皇に上臈としての出仕が確認され、その後も、同家に出身して大炊御門家を継いだ信量《のぶかず》（実父は転法輪三条実量《さねかず》）の子孫が上臈に入っている。すなわち、女官の職と特定の家とのあいだに緊密な関係が認められるのである。

そのなかで、花山院兼子《かねこ》が上臈になった経緯はいささか変則的にみえる。内大臣花山院持忠《もちただ》▲の娘である兼子は、もとは足利義政の室日野富子《ひのとみこ》に上臈として出仕していた。ところが、応仁・文明の乱中、難を避けて室町第《むろまちてい》を御所としていた後土御門の目にとまり、一四七三（文明五）年女子を出生するにいたった。その後、東御方《ひがしのおんかた》と称されたが、一四七九（文明十一）年に義政および富子の了承

▼**花山院持忠**　一四〇五～六七。忠定《たださだ》の養子。南朝方近衛家の末裔だが、一四一六（応永《おうえい》二十三）年忠定が継嗣なく没すると、足利義持《よしもち》の意向により、旧南朝廷臣花山院長親《ながちか》の猶子となって相続した。

●広橋家略系図

兼宣─兼郷─綱光─兼顕＝守光
（兼宣の子）綱子
（兼郷の子）顕子
（綱光の子）守子

を得たうえで、正式に上臈として禁裏に出仕し、八二(文明十四)年には男子(円《えん》満院仁悟《まんいんにんご》法親王)を産んでいる。そして、後土御門が没すると出家し、従二位に昇叙したので、二位局と称された。

典侍の職についても特定の家と緊密な関係が認められる。典侍の上首《じょうしゅ》で女官長ともいうべき大納言《だいなごん》典侍《すけ》の地位は、後花園天皇の乳母《めのと》をつとめた広橋綱子《ひろはしつなこ》以来、一〇〇年以上にわたって広橋家出身の女性が相伝した。綱子の姪で、一四三三(永享《えいきょう》五)年に後花園のもとでわずか五歳で典侍に任ぜられた顕子《あきこ》(初名頼子《よりこ》)は、後土御門にも仕え、七一(文明三)年までに大納言典侍の地位に就いている。そして、後土御門が没した五カ月後の一五〇一(明応《めいおう》十＝文亀《ぶんき》元)年二月三日に七三歳で病死するまでその職を全うした。その地位を継承したのは、一四八三(文明十五)年に一九歳で出仕した姪の守子《もりこ》で、一五〇一年のうちに大納言典侍の地位に就いたことが知られる。

顕子が没して二カ月ののち、洛外の新熊野《いまくまの》で勧進猿楽《かんじんさるがく》▲が催され、金春座《こんぱるざ》の大《た》夫元安《ゆうもとやす》(禅鳳《ぜんぽう》)が舞台にのぼり、多くの観客を集めることがあった。禁裏の女性たちがこぞって見物したことを伝え聞いた三条西実隆は、「最もしかるべから

▼**勧進猿楽**　寺社の造営・修理などの費用を集めるために興行される猿楽。

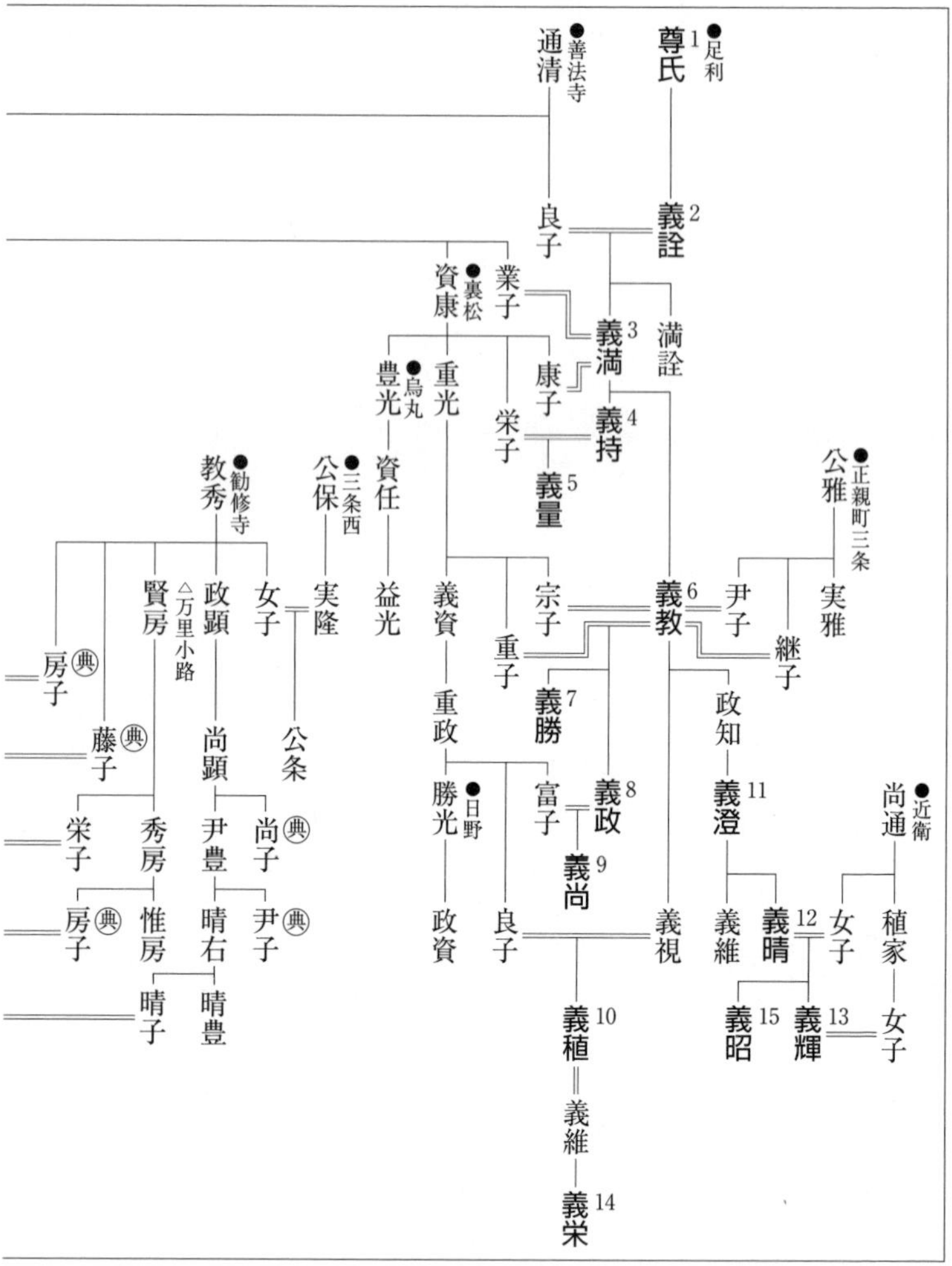
●足利
1 尊氏
2 義詮
満詮
3 義満
4 義持
5 義量
6 義教
7 義勝
8 義政
9 義尚
10 義稙
義維
14 義栄
義視
政知
11 義澄
義維
12 義晴
13 義輝
15 義昭
●善法寺
通清
良子
業子
●裏松
資康
康子
栄子
重光
宗子
重子
義資
重政
富子
良子
●日野
勝光
政資
●烏丸
豊光
資任
益光
●三条西
公保
実隆
公条
●勧修寺
教秀
女子
政顕
尚顕
尚子 典
尹豊
尹子 典
晴右
晴豊
△万里小路
賢房
秀房
栄子
惟房
房子 典
晴子
藤子 典
房子 典
●正親町三条
公雅
実雅
尹子
継子
●近衛
尚通
稙家
女子
女子

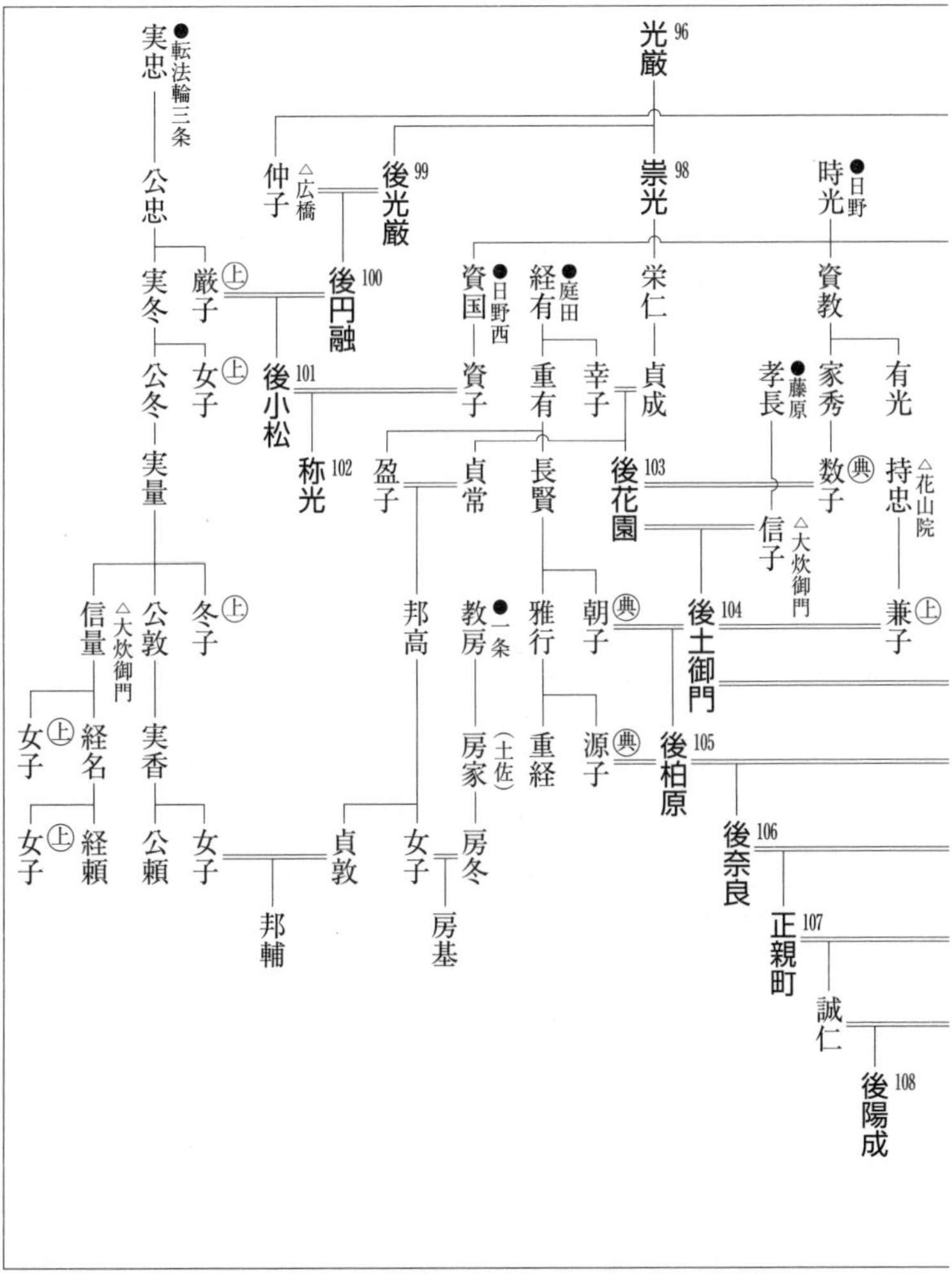

●―天皇家および足利家婚姻関係略系図　名の右肩の●は苗字(屋号)，△は養子(猶子)に入った先の苗字(屋号)。同じく㊤は禁裏の上臈，(典)は典侍。

ざることなり。故大納言典侍の在世には女中の進退たやすからず。当時は毎事自由か。はなはだしかるべからざることなり（非常によくないことだ。顕子の在世中には禁裏の女性たちの行動は制約されていた。現在はなにごとも思いのままだ。きわめてよくないことだ）」と述べており、顕子の死後における女官たちの綱紀の弛緩を嘆いている。長年にわたって大納言典侍の地位にあった顕子は、女官の元締めとして廷臣《ていしん》たちからも絶大な信頼を得ていたのであった。

　典侍が出身する家の固定化は、天皇の配偶の役割を果たすものでも同様である。三条西実隆の室は勧修寺教秀《かんしゅうじのりひで》の娘であったが、その姉房子《ふさこ》は後土御門のもとに典侍として出仕し、新典侍《しんすけ》・新大納言典侍《しんだいなごんのすけ》と称され、後土御門とのあいだに三人の皇女を産んだ。後土御門の死没とともに出家し、従三位に昇叙して三位局と呼ばれた。いまひとりの姉藤子《ふじこ》は、勝仁《かつひと》親王（後柏原天皇）に上臈として出仕して御阿茶々局《おあちゃちゃのつぼね》と称され、寵愛されて後奈良天皇になる男子を産む。後柏原の践祚後は典侍に任じられて新大納言典侍と称され、後柏原の死没とともに出家、間もなく准三宮《じゅさんぐう》▲を宣下されて東洞院殿《ひがしのとういんどの》と呼ばれた。一五三五（天文《てんぶん》四）年正月に七二歳で没すると、豊楽門院《ぶらくもんいん》の院号を宣下されている。

▼**准三宮**　准三后《じゅさんごう》、准后《じゅごう》とも。皇族、後宮、廷臣、僧侶などに三宮（太皇太后・皇太后・皇后）に準ずる年官《ねんかん》・年爵《ねんしゃく》・封戸《ふこ》を与え、経済的に優遇すること。九世紀にはじまり、早くに経済的な意味を失い、名誉称号になった。

すなわち、房子・藤子の姉妹は、それぞれ後土御門・後柏原のもとで新大納言典侍と呼ばれ、子女を産んでいた。藤子の子である後奈良は、母が没した年の暮れ、母方の伯母で、父方では祖父の配偶という関係になる房子が禁裏を訪問した際、面会して「容顔《ようがん》女院の面影を思い出《いだ》さる。朕《ちん》思わず落涙す（その顔は母豊楽門院の面影を思いおこさせる。私は思わず涙をながした）」と記している（『後奈良天皇宸記』天文四年十二月十二日条）。

実は、房子も初めは勝仁の御所に上臈として出仕して御阿茶々局と呼ばれていた。後土御門の寵愛をうけるにいたり、新大納言局の名で後土御門のもとにあらためて出仕し、ついで典侍になった。それと入れかわりで勝仁の御所に上臈にあがってまたも御阿茶々局と呼ばれたのが藤子で、姉妹で同じ女官としての役割をうけつぎ、今度は勝仁の寵愛を得るにいたったのである。

後土御門が他所の女房を見初めたのは、花山院兼子・勧修寺房子だけではない。勝仁の生母である庭田《にわた》朝子《ちょうし》も、元来は義政の御所に女房として出仕していたが、践祚前の後土御門（成仁《ふさひと》親王）が伏見宮の御所に居住していた際、寵愛するにいたって子女をもうけたのである。庭田家は伏見宮との関係が強く、後花園天皇の生母敷政門院《ふせいもんいん》(庭田幸子《こうし》)は朝子の大伯母にあたる。朝子は、後土御門の践祚後は近衛局《このえのつぼね》と称されたが、一四七三年に典侍に任ぜられ、新典侍・新大納言典侍と呼ばれることになる。すなわち、朝子・房子そして藤子も、天皇が典侍に子を産ませたわけではなく、子を産んだ女房を家格にしたがって典侍に任じたわけである。つまり、女官が配偶の役割を果したというよりも、配偶を女官として待遇したとみた方がよいのかもしれない。

　特定の家と職との緊密な関係は、もちろん掌侍においても同様であった。掌侍の上首として、禁裏の財政を取り仕切った勾当内侍《こうとうのないし》▲(長橋局《ながはしのつぼね》)は、室町時代を通じて藤原氏南家《なんけ》の高倉《たかくら》家▲または菅原《すがわら》氏の東坊城《ひがしぼうじょう》家の出身者によって継承されていた。すなわち、天皇の日常生活を支えた女官たちは、清華家以下の廷臣各階層の家に基盤を有していたのである。

ものを知らない廷臣と働き者の廷臣

　二〇年に一度行われる伊勢《いせ》神宮の式年遷宮《しきねんせんぐう》は、中世を通じて最も重視された国家的な行事であったが、これも室町幕府の衰微にともない、十五世紀半ばに

▼**勾当内侍**　掌侍の上首。長橋(清涼殿から紫宸殿《ししんでん》に通じる板敷きの廊下)の近くに局(部屋)があることから、長橋局を異称とする。

▼**高倉家**　高倉を称する家は、順徳《じゅんとく》天皇生母修明門院《しゅうめいもんいん》の生家の後裔(藤原氏南家)と衣紋道の家(同北家)のふたつがあった。前者は十六世紀半ばに絶え、同家出身の勾当内侍は十五世紀で終わるが、偶然ながら十六世紀には後者から勾当内侍が出ている。

は途絶する。外宮《げくう》の場合、一四三四(永享六)年に行われたのが最後で、一四五二(享徳元《きょうとく》)年に造営された仮殿《かりでん》は、正殿《しょうでん》の造営がなされないままに三五年間も使用され、あげくのはて、一四八六(文明十八)年に兵火に罹ってしまう。直後に新造された新たな仮殿も、一四九〇(延徳二)年九月十四日、盗賊の放火によってまたも焼失におよんだ。外宮がふたたび炎上したという報告は、その六日後に後土御門天皇の許に達する。

この変事に直面した朝廷は、まず廃朝《はいちょう》を宣下する必要があった。廃朝とは、喪や神社の変異などを理由に、天皇が朝廷に臨んで政務をみるのを一日から五日間とりやめることをいう。そもそもこの時期、本来的なかたちでの政務が行われていないのだから、廃朝を宣下することに実質的な意味は何もない。にもかかわらず、神宮の変事にあって廃朝を宣下しないことは、朝廷にとって自己否定ともいえる事態だと認識された。

宣下とは天皇の命令を官人《かんにん》間で正式の作法をもって下達することで(廃朝の場合、上卿《しょうけい》という役目の公卿《くぎょう》が外記《げき》に命ずる)、これは禁裏の陣座《じんのざ》▲で執り行われる。しかし、応仁・文明の乱以降、その実施は非常な困難をともなうものになって

▼**陣座**　禁裏で公卿が着座して公事を行う場所。本来は近衛府の詰所であったが、九世紀後半から陣定《じんのさだめ》と称される公卿の評議が行われるようになった。

いた。陣儀《じんのぎ》（陣座で行う儀式）には上卿・外記以外に複数の地下官人《じげのかんにん》の出席が必要だが、経済的に窮乏していた地下官人たちは、その都度特別な手当を求め、それなしでの出仕を拒否したのである。さらに、陣座の設営にも費用を要する。これらの経費は幕府の負担にかかるが、支出の減額および遅延が常態化していた。結局、陣儀にこだわると、宣下までに少なからぬ日数を要してしまうことになる。一方、消息《しょうそく》宣下という書類の持ち回りによる略式簡便な方法をとれば、即日の宣下が可能だが、伊勢神宮に関する重大案件をこの方式で処理した先例はなかった。

そこで九月二十一日、後土御門は信頼を寄せていた甘露寺親長《かんろじちかなが》にどうしたらよいのかを尋ねた。親長は、前回の廃朝（一四八六年の炎上）の際は陣儀に拘泥したため、経費支出の遅れによって結局五カ月を経たことを非とし、近年の通常のありようにあわせて消息宣下で差し支えないと回答している。単純な先例踏襲で時機を逸するよりは、朝廷の現状にあわせた対応をとることを提言したのである。後土御門はこの提言を容れた。

翌日、勧修寺経茂《つねもち》▲が親長の許を訪れ、廃朝に続いて行う軒廊御卜《こんろうのみうら》▲という儀

▼**勧修寺経茂**　一四三〇〜一五〇〇。経直《つねなお》の子。教秀（経直の兄経成《つねなり》の子）の従兄弟。

▼**軒廊御卜**　宮中や寺社に怪異があった際、紫宸殿の軒廊（屋根つきの渡り廊下）で行う卜占《ぼくせん》。神《じん》祇官《ぎかん》が亀卜《きぼく》を行うが、そこで用いる亀甲の入手も困難であった。

▼**坊城俊名**　一四六三〜一五四〇。俊顕《としあき》の養子。坊城家も勧修寺流の名家。

式について不明な点を質している。経茂の子で坊城家を継いでいた俊名《としな》▲が、担当の蔵人《くろうど》に指名されたからである。その際経茂は、昨日俊名が廃朝の宣下についても担当を命じられたが、まだ上卿に伝達していないと語った。親長は驚き、すぐに宣下するべきなのにおそれ多いことだと応じた。すると経茂は、宣下の書類(口宣《くぜん》)の書き方を中御門宣胤《なかのみかどのぶたね》に尋ねたところ、石清水八幡宮《いわしみずはちまんぐう》のことで廃朝になった際の事例を教えてくれた。神宮のことだと断る必要はあるだろうか、と問う。親長が「豊受太神宮《とようけだいじんぐう》の回禄《かいろく》(炎上)によって」と載せたらよかろうと答えると、経茂は外宮のことだと断らなくてよいのかと重ねて訊いてきた。親長が呆気にとられながら「豊受太神宮こそ外宮のことなれ」と述べると、はじめて納得した。

経茂は、勧修寺家の傍流の出身だが、当時の官位は親長と同じ正二位前権《ごんの》中納言で、かつては蔵人頭《とう》という朝廷の政務の枢要を担う役職もつとめた。本来なら朝政の実務に熟達しているはずだが、外宮の正式な名称が豊受太神宮であることすら知らなかった。驚くべき無知である。いささか極端な例ではあろうが、当時の廷臣の政務を処理する能力の低下をよく示している。

一五〇一（文亀元）年四月、後土御門の遺体を安置していた黒戸《くろどの》御所《ごしょ》の建物を泉涌寺《せんにゅうじ》の雲龍院《うんりょういん》▲に与えることになり、同院開山《かいさん》竹岩《ちくがん》聖皐《しょうこう》▲の百年忌にあたる六月までに移築を果たすよう、同院の住持先白善叙《せんぱくぜんじょ》に宛てた綸旨《りんじ》が出された。作成を担当したのは、蔵人頭右中弁《うちゅうべん》万里小路《までのこうじ》賢房《かたふさ》▲である。賢房は、この件を仲介した三条西実隆と打ち合わせながら文面をととのえ、できあがった綸旨を実隆に送付したが、差出書に「頭右中弁賢房」と記していた。これを見た実隆は、蔵人頭を意味する頭の文字を削除するように指示し、書き直させた。綸旨は蔵人が作成するが、差出書には蔵人であることを記さず、兼任する官職だけを記すのがきまりで、この場合「右中弁賢房」と書くのが正しい。賢房はこれ以前に多数の綸旨を作成していたはずだが、最も基本的なところで間違っていた。ここから推せば、頭の文字を載せて発給した綸旨もあったに違いない。

朝廷の儀式は、廷臣たちが相応の役割を果たすことで成り立つが、政務を処理する能力を欠く者が多いうえ、経済的な困窮もあずかり、参加を忌避する者が少なくなかった。それだけに、天皇に信頼されていた一部の廷臣には、いきおい負担が集中することになった。ここまで何度も登場した甘露寺親長や三条

▼**雲龍院**　泉涌寺の別院。開山は竹岩聖皐。本寺ともども応仁・文明の乱で罹災した。

▼**竹岩聖皐**　一三二四〜一四〇二。泉涌寺第二十一世。後光厳・後円融・後小松の三代から帰依を受けた。

▼**万里小路賢房**　一四六六〜一五〇七。冬房《ふゆふさ》の養子。実父は勧修寺教秀。一四八九（延徳元）年女性問題で騒動を起こし、六年間出仕を止められた。四二歳で急死。

▼**踏歌節会**　正月十六日を式日とする宮廷儀式。舞妓に歌いながら足で地を踏んで拍子をとらせる。古くは十四日に男踏歌、十六日に女踏歌が行われたが、男踏歌は十世紀に絶えた。

西実隆はこれに該当する。

一四九五(明応四)年正月十六日に行われた踏歌節会《とうかのせちえ》▲の内弁《ないべん》▲は、内大臣二条《にじょう》尚基《ひさもと》▲がつとめる予定であったが、摂関家の当主にふさわしい容儀をととのえることができず、十二日に三条西実隆に対して正式に交替を依頼してきた。実隆はすでに何度か打診されていたが、同日夜、後土御門の意を体した庭田重経《しげつね》▲からも同様の依頼をうけ、近日微熱があって体調が思わしくないとしながらも、承諾している。それからの数日間懸命に準備を進め、十六日に無事役目を果たす。翌朝帰宅し、諸家から借用した装束の返却をすませたところ、禁裏から以下のような女房奉書が届いた(金光《こんこう》図書館所蔵『女叙位鈔《にょじょいしょう》▲』紙背文書。次頁図参照)。

きのう《(昨日)》のせちえ《(節会)》の内弁、御ことかけ《(事闕)》候つるに、御まいり候て、するすると中御さた《(沙汰)》候。めでたくおぼしめし候。みたて《(見立)》なく候えども、おりふし《(折節)》御らん《(覧)》ぜられ候ほど《(程)》に、おり《(折)》二ごう《(合)》・御たる《(樽)》つかわされ候。ひとつまいり候て、御きゅうくつ《(窮屈)》をなぐさめられ候べく候。猶々こと《(殊)》にながなが《(長々)》の御かんらく《(歓楽)》にて候に、一だん《(段)》御ほうこう《(奉公)》とおぼしめし候よし、よくよく申とて候。かしく。

▼**内弁**　節会や大嘗会など朝廷の重要な儀式の際、内裏の承明《しょうめい》門の内にあって諸事をとりしきる公卿。左大臣がつとめることが多い。

▼**二条尚基**　一四七一〜九七。政嗣《まさつぐ》の子。関白在任四カ月目に「酒損」で死亡。二歳の幼児(尹房)だけが残され、しばし二条家は落魄する。

▼**庭田重経**　一四六五〜一五〇一。雅行《まさゆき》の子。後柏原天皇の生母朝子は父の妹。一四九五(明応四)年当時は蔵人頭であった。

▼**『女叙位鈔』**　女叙位の次第、特に執筆をつとめる者の所作・心得を詳細にまとめたもの。女叙位は女子を対象とする叙位で、正月八日を恒例とし、即位や大嘗会《だいじょうえ》の前にも行われた。

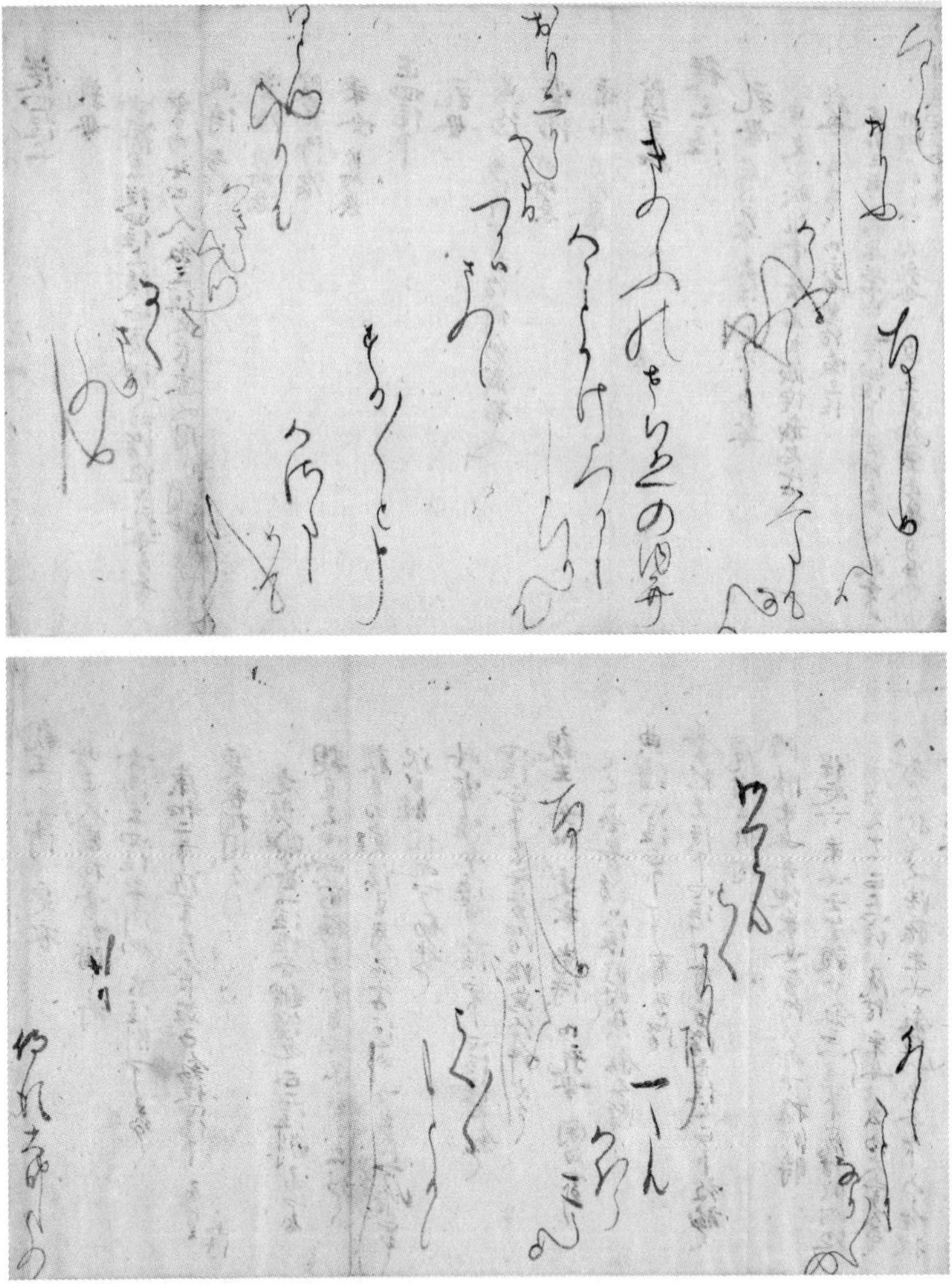

●—後土御門天皇女房奉書

（切封ウワ書）「侍従大納言（三条西実隆）どの（殿）へ」
（現代語訳）昨日の節会の内弁について、つとめる者がなくてお困りだったところ、いらっしゃって速やかに執り行って下さいました。（天皇は）すばらしいことだと思われています。大したものではありませんが、ちょうどお手許に届きましたので、折二合（肴二種）と酒樽《さかだる》をお送りします。ご賞味いただき、お疲れを癒やして下さい。本当に長く御病気であったところ、格別の御奉公だと思われていることを、確かに伝えよとのことです。かしこ。

これを受け取った実隆は、「天憐《てんりん》の至極《しごく》、手足の舞踏するを知らざるものなり（天皇のお心遣いのきわみで、手足が自然に動いてしまうほどうれしい）」と記している（『実隆公記』）。天皇もことさら多くを負担する廷臣には気遣いを忘れるわけにはいかなかったのである。

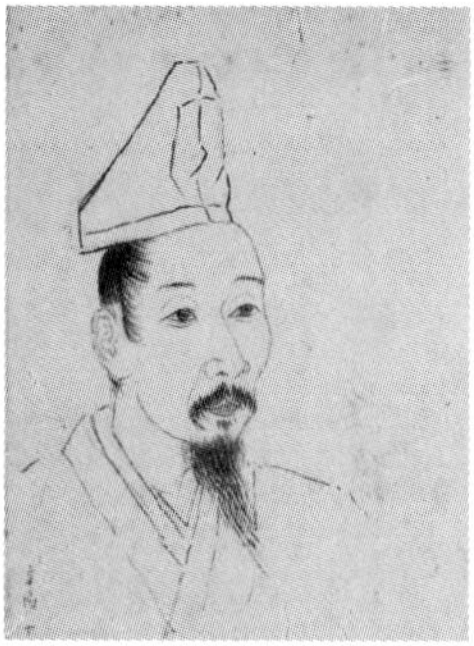
●三条西実隆像紙形　紙形《かみがた》とは肖像画の下絵のこと。一五〇一年四七歳の時に絵師土佐光信に描かせたもの。

廷臣のゆくすえ

少数の廷臣に負担が集中した一因として、京都を離れた廷臣の多いこともあげられる。応仁・文明の乱以降、所領からの収入が減少した廷臣のなかには、みずからの所領に下向し、その立て直しをはかろうとした者や、富裕な大名の庇護を求め、地方都市に下る者が少なくなかった。

前者の例としては、土佐《とさ》国幡多荘《はたのしょう》(高知県四万十《しまんと》市)に下った前関白《かんぱく》一条教《いちじょうのり》房《ふさ》▲や、和泉《いずみ》国日根《ひね》荘に下った前関白九条政基《くじょうまさもと》が、後者の例としては、大内義《おおうちよし》隆《たか》▲を頼って周防《すおう》国山口に滞在し、一五五一(天文二十)年に陶晴賢《すえはるかた》▲(当時は隆房《たかふさ》)の反乱に際会して落命した前関白二条尹房《ただふさ》▲および前左大臣転法輪三条公頼《きんより》▲がよく知られている。相対的には経済的に恵まれていた摂関家や清華家の人物までもが少なからず京都を離れているのだから、多くの廷臣が地方に活路を見出さざるを得なかったことも当然である。

一条教房は、応仁・文明の乱が始まると間もなく実弟の尋尊《じんそん》▲を頼って奈良の興福寺大乗院《こうふくじだいじょういん》▲に身を寄せたが、翌一四六八(応仁二)年に父兼良《かねよし》が同じく大乗院に仮寓することになると、みずからは土佐国幡多荘に下向した。教房は上洛することなく一〇年後に土佐で没し、同所で誕生した子息房家《ふさいえ》がそのままとどまったことから、同家の一〇〇年におよぶ在国《ざいこく》▲が始まった。

房家は前関白の子であったため、権大納言にいたる官歴をあゆむことができ

▼一条教房　一四二三〜八〇。兼良《かねよし》の長子。関白。一四六九(文明元)年長子政房《まさふさ》が摂津で合戦に遭遇して横死し、末弟冬良が養子となって摂家一条家を継承した。

▼大内義隆　一五〇七〜五一。義興《よしおき》の子。従二位に昇り、大宰《だざいの》大弐《だいに》・兵部卿《ひょうぶきょう》に任官。重臣陶晴賢の謀叛にあい、長門《ながと》大寧寺《たいねいじ》で自害。

▼陶晴賢　一五二一〜五五。興《おき》房《ふさ》の子。一五五一(天文二十)年山口を攻め、同所の公家衆を殺害。主君義隆を自害させ、義長《よしなが》(大友《おおとも》晴英《はるひで》)を新主に据えた。安芸《あき》厳島《いつくしま》で毛利元就《もうりもとなり》に敗北して自害。

▼二条尹房　一四九六〜一五五一。尚基の子。関白。

▼転法輪三条公頼　一四九八〜一五五一。実香《さねか》の子。左大臣に昇る。同家は閑院《かんいん》流の清華家で、単に三条家ともいう。

▼尋尊　一四三〇〜一五〇八。大乗院の門主。一条兼良の子。日

たが、その子房冬《ふさふゆ》▲以降になると、官歴の停滞を余儀なくされるため、一代ごとに京都にあった摂家一条家の当主の猶子《ゆうし》▲になることで摂関家の子弟としての待遇をうけるようになった。このありようが継続されたのは、幡多荘の支配が実効をあげ、土佐にあった房家の子や孫のみならず京都の摂家一条家までもが経済的に多大な便益を獲得できたことに理由があるのだろう。

　房家の子房冬は、伏見宮邦高《くにたか》親王の娘を娶り、摂家一条家に限らず、朝廷内の諸家との密な交流を維持していた。そして、一五三五(天文四)年十一月、誕生以来土佐国を出ることがなく、一度も上洛しなかったにもかかわらず、左近《さこの》衛大将《えのだいしょう》▲への任官を果たした。前関白一条冬良《ふゆよし》の猶子である房冬は、家格の面では任官の要件を満たすが、在京して出仕することのない者を顕職に任ずるのは、後奈良天皇にとって到底容認できることではなかった。これ以前、房冬の義兄にあたる伏見宮貞敦《さだあつ》親王が二度にわたって房冬の任官希望を取り次いだものの、後奈良は無理だと拒んでいた。

　十一月四日の夜、貞敦は梶《かじ》井《い》門主《もんしゅ》彦胤《げんいん》親王(後奈良の弟)とともに禁裏を訪れて後奈良と雑談し、その時は房冬の任官にひとことも触れなかった。にもかか

記『大乗院寺社雑事記《じしゃぞうじき》』を残す。

▼**大乗院**　興福寺の子院《しいん》のうち摂関家の子弟が入る両門跡の一方。いま一方は一乗院《いちじょういん》。

▼**在国**　在京に対し、地方に滞在すること。

▼**一条房冬**　一四九八〜一五四一。房家の子。弟房通《ふさみち》は冬良の養子として摂家一条家を継ぐが、房冬には上洛の所見がなく(『公卿補《ぶ》任《にん》』享禄二〈一五二九〉年条は右側の飛鳥井雅綱に関する注記の竄入がある)、土佐で一生を送ったようだ。

▼**猶子**　同時代において養子・猶子の語に明瞭な使い分けはなく、養子と同一とみなせる。研究史上は、養子より名目的でゆるやかな関係に用いられることが多い。

▼**左近衛大将**　左右近衛府の大将(長官)は、摂関家・清華家および将軍家の者だけが任ぜられた。

わらず、翌五日に勅許の御礼だと称して禁裏に銭一万疋を贈ってきた。後奈良は、承諾した覚えはないと怒ったが、認められないと「面目」を失ってしまうという貞敦の懇願を無視するわけにはいかなかった。後奈良にできるのは、銭を返却させ、任官と金銭の授受とを無関係にすることだけであった。七日に貞敦から礼状が届くと、後奈良は仕方がないと日記に書き記した。すなわち、房冬は、経済的な充足を背景に、姻戚関係にある伏見宮を抱き込み、きわめて強引な手法によって任官を実現したのである。

所領への下向は、土佐一条家のように必ずしも効果があがるとは限らず、身に危険がおよぶこともあった。徳大寺《とくだいじ》家は清華家の家格を有する名門で、十五世紀後半の当主実淳《さねあつ》▲は漢学にすぐれ、学識ある廷臣として三条西実隆らからも一目を置かれていた。同家の最も重要な所領は越中《えっちゅう》国(富山県)に所在し、実淳も応仁・文明の乱中に短期間ながら同国に下向している(『親長卿記』文明六〈一四七四〉年九月七日条)。戦国時代における越中国は、隣国である加賀《かが》国(石川県)の一向一揆《いっこういっき》の動静もからんで複雑な状況にあり、所領の経営は容易ではなかった。

▼**徳大寺実淳**　一四四五〜一五三三。公有《きんあり》の子。太政大臣《だいじょうだいじん》。

一五四五(天文十四)年三月、徳大寺実通《さねみち》▲(実淳の孫、初名実規《さねのり》)は、諸大夫《しょだいぶ》の物《もの》加波懐世《かわやすよ》らをともない、越中国般若野荘《はんにゃの》(富山県砺波《となみ》市)に向かった。後奈良に揮毫してもらった和歌三神《わかさんじん》▲の名号《みょうごう》を現地への土産として持参していた。四月七日に現地に到着したところ、翌日早朝に何者かの襲撃をうけ、実通・懐世をはじめとする計一三人が殺害されてしまう。ひとりだけ逃げのびた者が京都に戻って悲報を伝えたのは、同月十六日のことであった(『言継卿記』)。同地にはいまも公卿塚と称される供養塔が残っている。

大名城下の地方都市で歓待をうけた廷臣としては、先にも触れた周防大内氏の山口に下った者が有名だが、ほかにも能登《のと》畠山《はたけやま》▲氏の七尾《ななお》(石川県七尾市)や駿《する》河《が》今川《いまがわ》氏の駿府《すんぷ》(静岡市)に下った者たちも少なくなかった。

正親町三条家は、三条西家の直接の本家筋にあたり、その邸宅は三条西邸の東側に位置していた。というよりも、正親町三条邸の西側に邸第があることから三条西という屋号が生じたのである。南北朝時代以来、室町殿に家礼《けらい》として仕え、妹の尹子が六代将軍足利義教室になった正親町三条実雅《さねまさ》は、義教の随一の側近として活動し、一四四一(嘉吉元)年に義教が殺害された際は、刀をとっ

▼**徳大寺実通**　一五一三〜四五。公胤《きんたね》の子。殺害された際、権大納言・右近衛大将。久我通言《みちとき》の子公《きん》維《ふさ》が養子となって家を相続した。

▼**和歌三神**　和歌を守護する三柱の神。三神に諸説あるが、『後奈良天皇宸記』天文四(一五三五)年記によると、後奈良は、中央に天満大自在天神《てんまんだいじざいてんじん》、右に住吉《すみよし》大明神、左に玉津嶋《たまつしま》明神を書いている。

▼**能登畠山氏**　管領《かんれい》畠山氏の分家。七尾城を築いた義総《よしふさ》(一四九一〜一五四五)は、文事に心を寄せ、多数の貴族や歌人を庇護した。

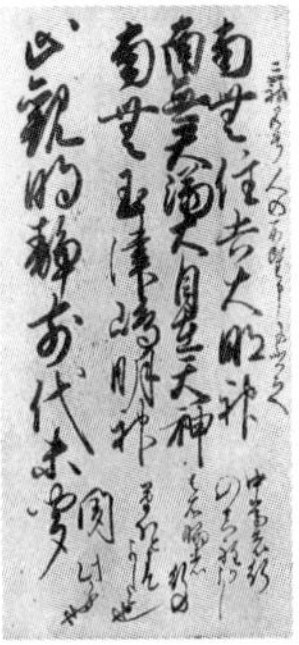

●——**後奈良天皇による和歌三神名号の書様**(『天聴集(後奈良天皇宸記)』天文四〈一五三五〉年記)

●正親町三条実望関係略系図

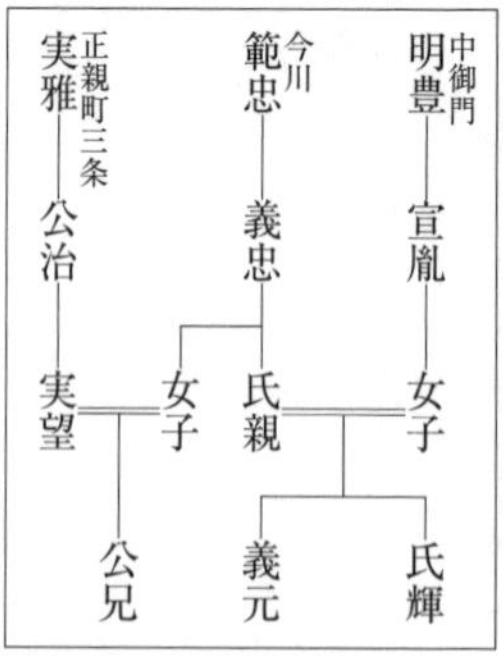

て戦い、負傷したことで知られる。実雅の孫実望《さねもち》は、細川政元《ほそかわまさもと》に擁立された足利義澄《よしずみ》の側近として重用されたが、一五〇八（永正《えいしょう》五）年、妻（今川義忠《よしただ》の娘）の実家である今川氏を頼って駿府に下った。子息の公兄《きんえ》を廷臣として出仕させ、みずからは内大臣に昇るために一年ほど京都に戻ったものの、ふたたび駿府に下り、一五三〇（享禄《きょうろく》三）年に没するまで都合二一年間駿府に滞在した。朝廷への出仕は家を単位にしている側面があり、家からひとりが出仕していれば、在国しても必ずしも官位の昇進をさまたげられなかったのである。

家が断絶することもあった。西川《にしかわ》家は、藤原氏北家《ほっけ》のうち善勝寺《ぜんしょうじ》流と呼ばれる系統に属し、四条《しじょう》・西大路《にしおおじ》・油小路《あぶらのこうじ》・鷲尾《わしのお》などの諸家と同族で、近衛《このえ》の次将《ししょう》（少将《しょう》・中将）を経て公卿に昇る羽林家《うりんけ》と称される家格に属した。西川房任《ふさとう》は、父の名こそ知られないが、侍従《じじゅう》・左少将・左中将を経たうえで一四五八（長禄《ちょうろく》二）年に参議に任じており、歴とした公卿である。子の隆継《たかつぐ》が同族の油小路家を継いだこともあり、一四八五（文明十七）年に房任が六八歳（一説に六五歳）で没すると、廷臣としての西川家は絶えてしまう。

ただし、それから三〇年以上を経た一五一九（永正十六）年、一〇人ほどの廷臣を自邸に招いて連歌会を行った西川房親《ふさちか》という者があり、中御門宣胤《のぶたね》はこれを房任の弟だと記している。房親は、細川高国《たかくに》のもとで摂津守護代《せっつしゅごだい》をつとめる薬師寺国長《やくしじくになが》▲の被官《ひかん》であった。鷲尾隆康《たかやす》は、「(房親の)父親は当家と同じ善勝寺流の廷臣であったが、所領がなかったため絶家となった。それで薬師寺国長の被官になったのだ。残念なことだ」と記しており、廷臣の家に生まれながら、家領がないためにその道をあきらめ、守護代クラスの武士に仕えたことが知られる。さらに、房親の子房重《ふさしげ》は、宣胤に青侍《あおざむらい》▲として仕えていた。

応仁・文明の乱以降における廷臣諸家の所領の減少は、もともと所領が乏少な家にあっては、廷臣としての活動を維持することを不可能な状況においこみ、公卿から一気に侍身分への転落すら招く場合があった。すなわち、廷臣の減少を結果したのである。

減りゆく地下官人たち

朝廷の政務は、公卿・殿上人《てんじょうびと》からなる廷臣たちによってのみ担われたわけではなく、その下には実務を支える地下官人という存在があった。地下とは殿

▼**薬師寺国長**　?〜一五三三。元一《もとかず》の子。細川政元に叛いて自害した元一に替わって摂津守護代になった叔父長忠《ながただ》は、一五〇七(永正四)年政元の殺害に関与する。国長は長忠の討伐にあたり、細川澄元《すみもと》・高国のもとで摂津守護代になった。

▼**青侍**　貴族の家に仕える侍。六位の者が青色の袍《ほう》を着することによるともいう。

上人以上と区別され、天皇の日常活動の場である清涼殿《せいりょうでん》の南廂《みなみひさし》にある殿上《てんじょうの》間《ま》へ昇ることを認められない身分をさす。地下官人の統領というべき役目を果たしていたのが、官務《かんむ》・局務《きょくむ》と呼ばれる両人で、それぞれ左大史《さだいし》・大外記《だいげき》という官職の上首に位置し、朝廷の文書行政において枢要な地位にあった。この地位に就くのは、それぞれいくつかの家の出身者に限られ、局務は先に触れたとおり、清原《きよはら》家と中原《なかはら》氏の数家（戦国時代には一家に減少）がこれに相当し、官務は、小槻《おづき》氏のうち平安《へいあん》末期に分かれた壬生《みぶ》・大宮《おおみや》の二家が該当した。

官務の地位に就くと、小槻氏の氏長者《うじのちょうじゃ》がうけつぐ渡領《わたりりょう》▲と称される所領が手に入り、近江国《おうみ》苗鹿《のうか》・雄琴《おごと》両荘（滋賀県大津《おおつ》市）などの収益を得られた。また、室町殿が任官・叙位にあずかると、官務・局務は文書を作成して持参するが、その際に室町殿から恩禄として多額の砂金（または相当額の銭）が与えられることが足利義満の時から慣例化していた。つまり、かかる機会に官務の任にあれば、少なからぬ臨時収入が期待できた。官務の地位、なかんずく室町殿の任叙がある時期のそれをめぐる争奪が生ずるようになる。

壬生家は、大炊寮《おおいりょう》という官司の所領を家領として確保していたが、大宮家に

▼**渡領**　氏長者や寺社の長官などの地位に付随して伝わる所領。藤原氏の氏長者（摂政・関白が兼ねるのが通例）に付随する殿下《でんかの》渡領が有名。

●―壬生・大宮両家略系図

師経―隆職（壬生）……晴富―雅久＝于恒
永業―広房（大宮）……長興＝時元―伊治

はそれに相当するものがなかった。そのうえ、大宮家は応仁・文明の乱によって大きな痛手をこうむっていた。壬生・大宮両家はそれぞれ膨大な記録・文書類を保管し、それを利用して先例を提示するのが重要な職務のひとつである。両家の蔵書は、朝廷にとってかけがえのないもので、応仁・文明の乱の当初、後花園上皇は大宮長興《ながおき》▲にその疎開を命じた。長興は数百箱にのぼる記録・文書類を宇治平等院《うじびょうどういん》の宝蔵《ほうぞう》に預けたが、そのあと洛中の土御門大宮にあった同家の邸宅・文庫は兵火に罹ったので、疎開のおかげで焼失の難をまぬかれたといえる。ところが、平等院における管理が杜撰で、乱が終結した一四七七(文明九)年には、盗難▲によって一巻残らず紛失していた。つまり、大宮家は職務の基盤となる記録・文書類を喪失してしまったのである。

また、長興は早くに後継者を亡くしており、六六歳になった一四七七年、ようやく七歳の少年時元《ときもと》(初名頼敏《よりとし》)を養子にもらいうけることができた。時元は、佐波元連《さわもとつら》という石見《いわみ》国佐波郷(島根県美郷《みさと》町)を本拠とする武士の子であった。佐波氏は奉公衆《ほうこうしゅう》と称される将軍直轄軍の一員で、主に京都で活動していたが、応仁・文明の乱のさなかに本拠地に下ったらしい。時元の母▲は忠富《ただとみ》王(当時は

▼**大宮長興**　一四一二～九九。為緒《ためお》の子。二度にわたって官務をつとめる。一四七八(文明十)年治《じ》部《ぶ》卿に任じたのは、小槻氏における八省卿任官の初例。

▼**紙の盗難**　典籍・文書が盗難にあう理由のひとつは、それを叩《こう》解《かい》して再生紙の原料に用いることにあった。

▼**時元の母**　一四五〇～一五〇八。忠富王の室として杉向《すぎむき》と呼ばれる。二一歳で佐波元連とのあいだに時元を産み、二〇代のうちに二一歳年長の忠富に再嫁、娘をなした。この娘は忠富の猶子雅業《まさなり》王の室になる。

白川《しらかわ》忠富）に再嫁して京都に残り、連れ子になった時元は長興に迎えられた。長興と時元との年齢差は実に五九歳におよび、実務を担う家の継承には時間を要するだけに、大宮家は存亡の危機にあった。この危機を脱するには、記録・文書類の再整備を進め、時元への訓育に励むとともに、いち早く時元を官務の地位に就けて家運を安定させる必要があった。

　長興は、少しでも任官を早めるため、時元の年齢を一歳多く偽ったり、先例になる長興自身が任官した年齢を実際より少なくごまかすなど、虚偽を重ねていく。一四八六（文明十八）年、長興は七五歳で自身が出家するのにあわせ、時元を左大史に就けようとした。しかし、官務の壬生雅久《まさひさ》▲は、一七歳（実際には一六歳）で左大史に任じた例はないとして強硬に反対した。長興は、時元の実母を娶っていた忠富王を通じて後土御門天皇に働きかけ、あわせて前関白近衛政《まさ》家《いえ》からの執奏（推薦）を得て時元の任官を果たしている。

　つぎの目標は、雅久から官務の地位を奪取することである。その機会は、八年後の一四九四（明応《めいおう》三）年十一月にやってきた。明応の政変によって細川政元に擁立された足利義澄（当時は義高《よしたか》）が将軍となるに際し、これまで雅久が官務

▼**壬生雅久**　一四四八〜一五〇四。晴富《はれとみ》の子。一四七二（文明四）年から二三年間官務をつとめ、応仁・文明の乱中・乱後の朝廷の事務を支えた。

として将軍宣下に携わった義尚《よしひさ》・義稙《よしたね》のふたりは悪しき先例になるので（義尚は早世、義稙は廃位）、官務を時元にあらためるよう幕府に働きかけ、義澄の執奏を獲得したのである。以後時元は、病死する一五二〇（永正十七）年までの二七年間、官務の地位を手放すことがなかった。敵手の雅久が一五〇四（永正元）年に長く病んだ末に没した際、その養子于恒《ゆきつね》はわずか一〇歳であったから、ちょうど両家の攻守が交代した感もある。

大宮時元が死去すると、その子伊治《これはる》は官務の地位をそのまま引き継ごうとしたが、この地位に就いたのは一歳年長の壬生于恒であった。その後、伊治は細川高国の後援によって将軍足利義晴の執奏をうけ、一五二六（大永六）年に官務の地位を獲得したものの、翌年に高国が近江国に没落したことで于恒の巻き返しの動きが活発化する。そのうえ後奈良天皇は、武家執奏によって強引に官務に就いた伊治を嫌っていたようだ。

朝廷の文書処理の枢機を担う官務の地位をめぐる対立の激化は、廷臣たちも看過できず、壬生・大宮の両家は、三条西実隆・公条《きんえだ》親子の仲介によって和解することになる。その内容は、今後は三年を期限に交替で官務の地位に就くと

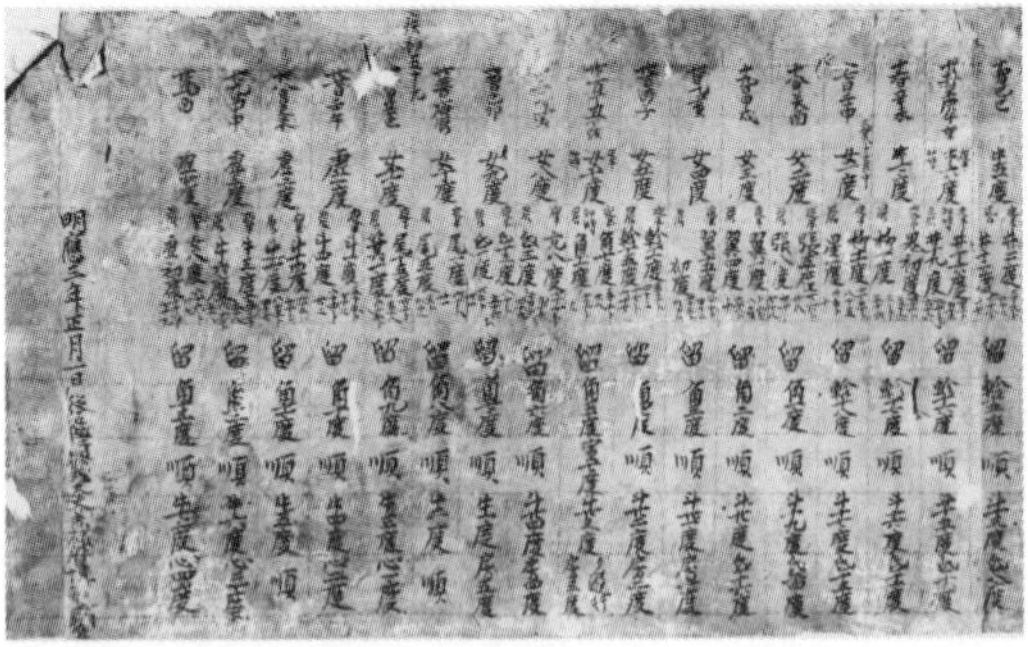

●—七曜暦　一四九四(明応三)年のもの。

▼七曜暦　天皇にだけ提供される特別な暦。日付干支《かんし》のもとに同日の七曜(日月および五惑星)の位置を記し、吉凶にかかわる暦注は載せない。料紙は宿紙を用いた。

いうもので、この約束はおおむね守られた。ただし、経済的に疲弊していた伊治は、娘を娶っていた大内義隆を頼って周防国に滞在することが多くなる。おりしも滞在中の一五五一(天文二十)年八月、義隆に叛いた陶晴賢が山口に攻め入った際、伊治は巻き込まれて死亡する。大宮家はここに実質的な断絶を迎えた。かたちばかりの同家再興の動きはあったが、一五七二(元亀《げんき》三)年、正親町天皇が大宮家の「跡目《あとめ》」(具体的には屋敷や文書・記録類であろう)を壬生朝芳《あさふさ》に預けたことで、これ以降、明治維新《いしん》にいたるまで、官務の地位は壬生家が単独で相承することになった。

　戦国時代は、地下官人にとっても厳しい時代であった。この時代を乗り切れずに消え去った家は少なくない。たとえば、暦道《れきどう》をもって朝廷に仕えた賀茂《かも》氏は、一五六五(永禄《えいろく》八)年に勘解由小路《かでのこうじ》在富《あきとみ》が没したことで実質的に断絶する。毎年の暦の作成は別の陰陽家《おんようか》によって担われたものの、古代以来、天皇だけが用いた独特な内容を有する七曜暦《しちようれき》▲の作成はここに終わった。廷臣や地下官人の減少によって、朝廷は戦国時代を通して静かに変質を遂げていたのである。

禁裏と朝廷

戦国時代が天皇にとって厳しい時代になったのは、朝廷を経済的に支えてきた室町幕府《むろまちばくふ》が衰退したことに一番の理由があった。それによって、天皇の身位を再生産する儀式の遂行さえ困難になり、数多の儀式が途絶してしまった。さらに、儀式を担うべき廷臣《ていしん》や地下官人《じげのかんにん》も窮迫したことで儀式の困難さが増した。天皇の日常生活こそ一定の水準が維持されていたものの、朝廷の諸活動はいちじるしい縮小を余儀なくされたのである。

それでも、途絶えがちではありながら、改元や正月の節会《せちえ》などの限られた儀式を行い、消息宣下《しょうそくせんげ》という略式の形態をとることがほとんどではあったが、官職位階の任叙《にんじょ》を果たし続けた。朝廷の存在意義が時間・空間および人間を分節化して社会の秩序を可視化する契機を与えることだとすれば、かろうじて活動を維持し、その存在意義を証明していたといえる。

天皇が苦闘しながら維持につとめた戦国時代の朝廷は、彼らが規範として意識したであろう平安《へいあん》・鎌倉《かまくら》時代の朝廷に比して、きわめて小規模なものになっていた。最上位の貴顕《きけん》として、天皇や摂関《せっかん》家のほかに、上皇《じょうこう》（院）や女院《にょういん》が複数存在し、それに連なる貴族・官人たちが京中に横溢し、総体として朝廷を構成していた平安・鎌倉時代の状況とくらべると、戦国時代の朝廷においては、天皇の御所《ごしょ》である禁裏《きんり》の占める割合が突出して大きい。朝廷と禁裏とが徐々に等価に近づき、いわば裸の禁裏になりつつあったといえる。

天皇の日常生活、いいかえれば禁裏の活動は、経済的には丹波《たんば》国山国《やまぐに》荘を始めとする御料所《ごりょうしょ》によって支えられ、女官《にょかん》および廷臣たちが奉仕することで成り立っていた。同時に女官および廷臣たちは、活動を縮小した朝廷の担い手でもあった。廷臣や地下官人も、家の断絶や地方下向《げこう》によってその数を減らしたため、残された少数の者たちに依存する度合いが高まっていく。女官も廷臣も同じように清華《せいが》家以下の堂上《とうしょう》貴族の諸家に基盤を有しており、戦国時代が進

●——正親町天皇像

むにしたがい、特に天皇に近しい少数の家の比重が高まっていった。
このような事態は、一五七三(天正《てんしょう》元)年、織田信長《おだのぶなが》が足利義昭《あしかがよしあき》を追放して室町幕府を滅ぼしたことにより、変化の時を迎える。信長が室町幕府にかわって朝廷の支援者という立場にたったことで、朝廷が復興に向けてあゆみを進める可能性を生じたのである。しかし、そこにおける復興の方向性は必ずしも自明ではなかった。
復興をめざす正親町《おおぎまち》天皇がまず望んだのは、子の誠仁《さねひと》親王に譲位を果たし、みずからが院政《いんせい》を布《し》くことであったろう。すなわち、応仁《おうにん》・文明《ぶんめい》の乱以前の状態への回帰である。ところが、一〇〇年におよんだ戦国時代は朝廷のありようを大きく変えていた。朝廷のなかで禁裏以外の要素の占める比重がきわめて小さくなっていた。かかる状況のままで院政を実現することは、摂関家をはじめ、禁裏の中枢からはずれていた廷臣の諸家を朝廷の運営から疎外することになりかねない。そこで廷臣のなかに正親町への反発が生じ、信長を引き込むことで正親町を抑え込むという動きが生じた。つまり朝廷の復興の方向性をめぐり、朝廷内に対立が生じたのである。一五七三年以降、信長がいったん譲位を取り計らうことを約束しながら、それが実現されなかった要因はこの対立にありそうだ。

その後、正親町は豊臣秀吉《とよとみひでよし》のもとで譲位を果たしたが、院政を行うことはなかった。さらに秀吉が関白《かんぱく》の地位に就き、有力大名が議政官の職を占めたことは、廷臣のありようにも大きな影響を与えた。結局、天皇と廷臣との関係がふたたび安定し、朝廷が復興の軌道に乗るのは、江戸《えど》幕府の成立を俟たざるを得なかった。天皇のあゆみと朝廷のあゆみとは、完全に軌を一にしているわけではなく、区別して考える必要がある。そして、両者の同一化の度合いが最も高まり、天皇がその維持のために奮闘をせまられたのが戦国時代であったといえるだろう。

化』30号, 2015年
松薗斉「室町時代禁裏女房の基礎的研究——後花園天皇の時代を中心に」『人間文化』31号, 2016年
湯川敏治『戦国期公家社会と荘園経済』続群書類従完成会, 2005年
吉野芳恵「室町時代の禁裏の女房——勾当内侍を中心として」『国学院大学大学院紀要　文学研究科』13輯, 1982年
吉野芳恵「室町時代の禁裏の上﨟——三条冬子の生涯と職の相伝性について」『国学院雑誌』85巻 2 号, 1984年
脇田晴子『天皇と中世文化』吉川弘文館, 2003年
和田英松『国史国文の研究』雄山閣, 1926年
渡邊大門『戦国の貧乏天皇』柏書房, 2012年

●——写真所蔵・提供者一覧(敬称略, 五十音順)

京都大学附属図書館　　p. 55上
宮内庁　　扉, p. 8, 42下, 55下, 64・65, 71, 101
宮内庁書陵部　　p. 45上・下, 58, 80
公益財団法人前田育徳会　　p. 39
国立公文書館　　p. 20, 42上
国立歴史民俗博物館　　カバー表, p. 10, 48, 49
金光図書館　　p. 96
泉涌寺　　p. 111
醍醐寺　　p. 61
大東急記念文庫　　p. 69上
中京大学文学部　　p. 74
東京大学史料編纂所　　カバー裏, p. 31, 34, 83, 97
毘沙門堂　　p. 108
立命館大学アート・リサーチセンター(立命館大学ARC)　　p. 69下

●―参考文献

飯倉晴武『日本中世の政治と史料』吉川弘文館, 2003年
家永遵嗣「室町幕府と「武家伝奏」・禁裏小番」『近世の天皇・朝廷研究』5号, 2013年
池享『戦国・織豊期の武家と天皇』校倉書房, 2003年
今谷明『戦国大名と天皇――室町幕府の解体と王権の逆襲』福武書店, 1992年
小川剛生「卜部兼好伝批判――「兼好法師」から「吉田兼好」へ」『国語国文学研究』49号, 2014年
奥野高広『皇室御経済史の研究』正・続, 畝傍書房・中央公論社, 1942・44年(国書刊行会, 1982年)
奥野高広『戦国時代の宮廷生活』続群書類従完成会, 2004年
河内将芳『日蓮宗と戦国京都』淡交社, 2013年
木村真美子「中世の天皇の暦――室町時代の暦の遺品を手がかりに」『室町時代研究』2号, 2008年
木村洋子「室町時代中・後期女房職相伝をめぐって――大納言典侍　広橋家を中心に」前近代女性史研究会編『家・社会・女性――古代から中世へ』吉川弘文館, 1997年
河内祥輔・新田一郎『天皇の歴史04 天皇と中世の武家』講談社, 2011年
坂田聡『禁裏領山国荘』高志書院, 2009年
清水克行『室町社会の騒擾と秩序』吉川弘文館, 2004年
末柄豊「絵所のゆくえ続考」『東京大学史料編纂所附属画像史料解析センター通信』37号, 2007年
末柄豊「室町時代の禁裏本諸家系図に関する覚え書」『東京大学史料編纂所研究成果報告』2009－4, 2011年
末柄豊「禁裏文書にみる室町幕府と朝廷」『ヒストリア』230号, 2012年
末柄豊「治部卿入道寿官」『日本歴史』776号, 2013年
菅原正子『中世公家の経済と文化』吉川弘文館, 1998年
辻善之助『皇室と日本精神』大日本図書, 1936年
辻善之助『御歴代の聖徳に就いて』教学局, 1940年
帝国学士院編『宸翰英華』1, 紀元二千六百年奉祝会, 1944年(思文閣出版, 1988年)
西口順子『中世の女性と仏教』法蔵館, 2006年
日本史史料研究会監修, 神田裕理編『ここまでわかった戦国時代の天皇と公家衆たち――天皇制度は存亡の危機だったのか?』洋泉社, 2015年
久水俊和『室町期の朝廷公事と公武関係』岩田書院, 2011年
服藤早苗ほか『歴史のなかの皇女たち』小学館, 2002年
藤岡通夫『京都御所〔新訂〕』中央公論美術出版, 1987年(初版1956年)
堀裕「天皇の死の歴史的位置――「如在之儀」を中心に」『史林』81巻1号, 1998年
毎日新聞社「至宝」委員会事務局編『皇室の至宝　東山御文庫御物』1～5, 毎日新聞社, 1999～2000年
松薗斉「戦国時代禁裏女房の基礎的研究――後土御門～後奈良天皇期の内裏女房一覧」『愛知学院大学文学部紀要』44号, 2015年
松薗斉「続・戦国時代禁裏女房の基礎的研究――下級女房たちを中心に」『人間文

日本史リブレット82
戦国時代《せんごくじだい》の天皇《てんのう》
2018年7月10日　1版1刷　発行
2020年7月30日　1版2刷　発行
著者：末柄《すえがら》 豊《ゆたか》
発行者：野澤伸平
発行所：株式会社 山川出版社
〒101−0047　東京都千代田区内神田1−13−13
電話 03(3293)8131(営業)
03(3293)8135(編集)
https://www.yamakawa.co.jp/
振替 00120-9-43993
印刷所：明和印刷株式会社
製本所：株式会社 ブロケード
装幀：菊地信義

Printed in Japan ISBN 978-4-634-54694-3

日本史リブレット　第Ⅰ期［68巻］・第Ⅱ期［33巻］　全101巻

1 旧石器時代の社会と文化
2 縄文の豊かさと限界
3 弥生の村
4 古墳とその時代
5 大王と地方豪族
6 藤原京の形成
7 古代都市平城京の世界
8 古代の地方官衙と社会
9 漢字文化の成り立ちと展開
10 平安京の暮らしと行政
11 蝦夷の地と古代国家
12 受領と地方社会
13 出雲国風土記と古代遺跡
14 東アジア世界と古代の日本
15 地下から出土した文字
16 古代・中世の女性と仏教
17 古代寺院の成立と展開
18 都市平泉の遺産
19 中世に国家はあったか
20 中世の家と性
21 武家の古都、鎌倉
22 中世の天皇観
23 環境歴史学とはなにか
24 武士と荘園支配
25 中世のみちと都市
26 戦国時代、村と町のかたち
27 破産者たちの中世
28 境界をまたぐ人びと
29 石造物が語る中世職能集団
30 中世の日記の世界
31 板碑と石塔の祈り
32 中世の神と仏
33 中世社会と現代
34 秀吉の朝鮮侵略
35 町屋と町並み
36 江戸幕府と朝廷
37 キリシタン禁制と民衆の宗教
38 慶安の触書は出されたか
39 近世村人のライフサイクル
40 都市大坂と非人
41 対馬からみた日朝関係
42 琉球の王権とグスク
43 琉球と日本・中国
44 描かれた近世都市
45 武家奉公人と労働社会
46 天文方と陰陽道
47 海の道、川の道
48 近世の三大改革
49 八州廻りと博徒
50 アイヌ民族の軌跡
51 錦絵を読む
52 草山の語る近世
53 21世紀の「江戸」
54 近代歌謡の軌跡
55 日本近代漫画の誕生
56 海を渡った日本人
57 近代日本とアイヌ社会
58 スポーツと政治
59 近代化の旗手、鉄道
60 情報化と国家・企業
61 民衆宗教と国家神道
62 日本社会保険の成立
63 歴史としての環境問題
64 近代日本の海外学術調査
65 戦争と知識人
66 現代日本と沖縄
67 新安保体制下の日米関係
68 戦後補償から考える日本とアジア
69 遺跡からみた古代の駅家
70 古代の日本と加耶
71 飛鳥の宮と寺
72 古代東国の石碑
73 律令制とはなにか
74 正倉院宝物の世界
75 日宋貿易と「硫黄の道」
76 荘園絵図が語る古代・中世
77 対馬と海峡の中世史
78 中世の書物と学問
79 史料としての猫絵
80 寺社と芸能の中世
81 一揆の世界と法
82 戦国時代の天皇
83 日本史のなかの戦国時代
84 兵と農の分離
85 江戸時代のお触れ
86 江戸時代の神社
87 大名屋敷と江戸遺跡
88 近世商人と市場
89 近世鉱山をささえた人びと
90 「資源繁殖の時代」と日本の漁業
91 江戸の浄瑠璃文化
92 江戸時代の老いと看取り
93 近世の淀川治水
94 日本民俗学の開拓者たち
95 軍用地と都市・民衆
96 感染症の近代史
97 陵墓と文化財の近代
98 徳富蘇峰と大日本言論報国会
99 労働力動員と強制連行
100 科学技術政策
101 占領・復興期の日米関係